重点马克思主义学院建设学术文库

The Academic Library of Key Marxism School of Higher Education in China

法治保障视域下的农村集体产权交易研究

姜楠 宗国静 著

吉林大学出版社

·长春·

图书在版编目（CIP）数据

法治保障视域下的农村集体产权交易研究 / 姜楠，
宗国静著. -- 长春：吉林大学出版社，2024. 10.
（重点马克思主义学院建设学术文库）. -- ISBN 978-7
-5768-3929-6

Ⅰ．F321.32

中国国家版本馆CIP数据核字第20242VB476号

书　　名：法治保障视域下的农村集体产权交易研究
　　　　　FAZHI BAOZHANG SHIYU XIA DE NONGCUN JITI CHANQUAN JIAOYI YANJIU

作　　者：姜楠　宗国静
策划编辑：卢婵
责任编辑：卢婵
责任校对：陶冉
装帧设计：刘瑜
出版发行：吉林大学出版社
社　　址：长春市人民大街4059号
邮政编码：130021
发行电话：0431-89580036/58
网　　址：http://www.jlup.com.cn
电子邮箱：jldxcbs@sina.com
印　　刷：吉广控股有限公司
开　　本：787mm×1092mm　1/16
印　　张：10.5
字　　数：140千字
版　　次：2024年10月　第1版
印　　次：2024年10月　第1次
书　　号：ISBN 978-7-5768-3929-6
定　　价：60.00元

前　言

　　农村集体产权是保障农村集体成员基本生存与发展、推动农村地区经济发展的重要物质基础。党中央高度重视农村集体产权制度的改革和建构并出台相关文件推进农村集体产权制度改革。农村集体产权保值、增值的关键在于农村集体产权交易，农村集体产权在以市场为基础的交易过程中能够实现自身的保值增值。因此，农村产权交易的规范化建设成为农村集体产权制度改革的关键问题。

　　然而，农村集体产权交易在实践中已经开展多年，取得了丰硕的成果和经验，但也存在相应的问题。如何将这一来源于实践的成果和经验上升为相应的法律制度由此确定下来并以其为依据有效克服农村集体产权交易面临的实践问题是实现农村集体产权交易法治保障的关键环节。本著作以农村集体产权交易制度的基础理论为切入点，对于农村集体产权交易的主体法律制度、交易对象法律制度、交易规则制度、交易平台法律制度、交易纠纷解决法律制度等内容予以探讨，力求为农村集体产权交易的法律保障机制的建构贡献绵薄之力。由于学术能力有限，相应论述和观点不成熟之处还请学界同仁不吝赐教。

目　录

第一章

农村集体产权交易机制建构的基础理论

农村集体产权交易机制的确立是农村集体产权改革的重要组成部分，是决定农村集体产权制度改革能否顺利推进的关键环节。在探索建立农村集体产权交易机制过程中，需要明确农村集体产权交易机制面临的现实困难，进而有针对性地寻找克服这一现实困难的方案，最终为农村集体产权交易机制的确立开辟道路。

一、农村集体产权交易制度化：理论支撑、历史脉络与现实意义

（一）农村集体产权交易制度化的理论支撑

从权利理论体系角度出发，农村集体产权属于所有权的范畴。所有权是最为重要的物权类型，是大陆法系物权制度得以确立的基石。在传统的大陆法系国家，所有权具有一定的抽象性，它宣示了权利人对于特定的有体物享有全面的使用与支配的权利。[①]这一权利概念的型构基于现实、具体的民事主体（主要为自然人）对于特定物利用和支配这一主体与客体关系的理性抽象。其这一特征忠实地反映了民法的市民法原初属性，原因在于市民社会，现实、具体的民事主体（主要为自然人）是主角。因此，传统意义上的民法的所有权指向私人对特定有体物利用和支配。这一所有权是基于私人所有秩序而建立的，因而亦被认定为基于私有制而建立的所有权。

近代以来，生产力的发展促使人与人之间的交往日趋紧密，基于密切交往而形成的各种关系的复杂性亦随之增加。人与人交往的密切性使得团体化成为人参与社会生产生活的重要形式。对此予以规范界定进而解决各种关系主体的纠纷成为法律全面介入人类生活的重要理由。但法律注重继承传统的保守主义倾向意味着民法意义上的所有权无法彻底舍弃其固有的传统，但同时还要努力适应现实变化，因而民法上的所有权在保留传统意义的同时，亦需要发生一定的改变。这一改变表现为，所有权的主体不再局限于传统市民社会中的现实、具体的民事主体（主要为自然人）而是扩大到具有团体属性的主体之上。以公司为代表的具有私法属性的法人甚至具有公共职能的公法人均成为民法上的所有权的主体。所有权的私有制属性随着所有权主体类型的丰富而逐渐淡化。具有公共职能的公法人对于特定的有体物的使用和支配内涵了国家的意志，其本质上即为国家所有权。但是在立法上，传统大陆法

---

① 参见［德］鲍尔、施蒂尔纳：《德国物权法》（上册），张双根，译，法律出版社2004年版，第515页。

系的民法并没有将所有权主体范围的扩张予以回应，理由在于任何所有权主体均需要遵循民法设置的所有权的规则，没有必要对其进行进一步的区分，民法对于这些主体的所有权予以一体保护。这一做法符合立法传统亦能够被人们所接受。

在《中华人民共和国物权法》（以下简称《物权法》）制定前夕，对于如何规定所有权制度，理论界由此产生争议。一种观点认为，我国《物权法》对于所有权的规定，应当遵循传统大陆法系国家的做法，采取一体化处理方式，不以所有权主体为标准对其进行类型化区分。唯有如此，国家所有权、集体所有权以及私人所有权才能处于平等地位，所有权制度才能真正进入法律制度运行的轨道，摆脱意识形态的影响，有效遏制对私人所有权漠视和侵害的观念。另一种观点认为，与传统的大陆法系不同，我国《物权法》应当以主体为标准将所有权划分为国家所有权、集体所有权与私人所有权。这一所有权的立法模式符合中国实际，彰显中国特色。最终《物权法》采纳了第二种观点。2020年颁布实施的《中华人民共和国民法典》（以下简称《民法典》）继承了《物权法》对于所有权的这一立法模式，未做改变。

事实上，从权利构造的角度出发，所有权主体、所有权的内容以及所有权的客体是构成所有权的三要素。民事立法对于所有权规定需要明确上述内容，但是各国民事法律对于所有权的规定在三要素架构下却存在差异。这种差异产生的因素十分复杂，制度传统、文化等因素都能够促使这一差异的产生。各国民法上的所有权制度存在差异是必然的且符合人类社会发展的规律。我国民法上的所有权制度并不必须与传统的大陆法系国家民法上的所有权制度保持一致，任何人都不能否定这一点。因此，与传统大陆法系国家不同，我国民法的所有权以所有权主体为标准划分为国家所有权、集体所有权以及私人所有权，并不能以我国所有权这一立法模式与前者存在差异而否定其合理性，关键要看这一立法模式是否符合我国实际，是否能够发挥其应用功能。

首先，自新中国成立以来，经过社会主义改造，社会主义制度在我国确立。公有制为主体、多种所有制并存是现阶段我国所有制的基本特征。所有制决定所有权，所有权是所有制在法律制度上的表现。在现阶段，我国的公有制表现为国家所有与集体所有，多种所有制并存意味着除了公有制外，在特定领域存在的私有制经济亦是社会市场经济的重要组成部分。因此，民法对于国家所有权、集体所有权以及个人所有权的确认符合我国经济社会发展的现实状况，是对我国社会主义市场经济的有效反映，这一做法符合我国的国情。

其次，以所有权主体为标准对所有权予以分类的立法模式遵循了物权法运行的基本规则，汲取了传统大陆法系国家民法所有权立法的有效经验，极力避免不同所有权种类之间地位的差异，能够有效纠正对私人所有权模式与侵害的不良观念。此外，民法对于所有权的内容与效力予以统一规定，并没有对其加以区分。这意味着国家所有权、集体所有权以及私人所有权在权利效力方面具有同质性，国家所有权、集体所有权与私人所有权相比，权利效力方面并不处于优势地位。此外，为了防止歧视私人所有权，对漠视私人所有权、任意侵害私人所有权的不良观念进行了纠偏，我国民法上的所有权制度强调各类所有权受到法律平等保护，国家所有权、集体所有权与私人所有权的法律地位平等。可以说，我国民法对于国家所有权、集体所有权以及私人所有权的平等保护予以了充分重视。可以说，虽然我国民法上的所有权以所有权主体为标准对于所有权进行了类型化的区分，但是并不意味着国家所有权、集体所有权的法律地位高于私人所有权，形成对于私人所有权的歧视。

事实上，当代中国，国有经济与集体经济在整个国民经济中占有重要地位。法律对于国家所有权、集体所有权保护予以突出强调，符合我国经济发展的现实状况。对于国家所有权、集体所有权的强调并不意味着对于私人所有权的歧视和漠视，对于国家所有权、集体所有权的强调并不必然导致对于私人所有权的歧视和漠视，两者没有必然的因果关系。国家所有权、集体所有权、私人所有权三者处于平等的法律地位，以所有权主体为标准将所有权划分为国家所有权、集体所有权以及私人所有权法律地位平等，受法律平等保护。这一理念与传统大陆法系民法对于各类所有权予以平等保护的理念相一致。可以说，我国民法在对于所有权平等保护的理念与传统大陆法系国家并无差异。在此意义上，传统大陆法系国家对于所有权一体规定与我国以所有权主体为标准对于所有权予以类型化区分仅仅具有形式上的意义。

在社会主义中国，民法的功能不仅仅局限于调整市民社会生活的功能，而是具有了维护社会主义秩序、贯彻社会主义价值观念的政治意义上的功能。近代以来，传统大陆法系国家民法的社会化以及国家意志以公法介入作为手段对于民法规范内容以及价值理念的影响实质上亦悄然赋予了民法维护其所在民族国家政治社会秩序、贯彻其认可的价值观念的政治意义上的功能，只是传统大陆法系国家基于对民法传统的固守没有在民法规范的内容中予以明确认可这一趋势。因此，在这一意义上，我国《民法典》对于维护社会主义秩序、贯彻社会主义价值观念的政治意义上的功能的宣示与传统大陆法系国家民法维护其所在民族国家政治社会秩序、贯彻其认可的价值观念的政治意义上的功能两者亦没有本质区别。只是基于社会制度存在差异，我国民法典对于国家所有权、集体所有权的重要地位予以强调，而传统大陆法系对于私人所有权重要性予以强调。对于国家所有权与集体所有权重要性的强调，需要从物权权利构成要素入手，首先明确国家、集体的所有权主体地位，其次明确国家所有权、集体所有权权利客体的范围。以所有权不同主体类型为标准对所有权进行区分的目的在于强调在民法领域国家、集体如同私人一样，具有所有权主体资格，而不是强调国家、集体的所有权优越于私人所有权。原因在于，在传统的大陆法系民法中所有权的主体主要为自然人以及具有私法性质的组织，国家等公法人被视为一种特殊的所有权主体，其作为所有权主体的资格往往受到法律的限制。事实上，在民法领域，国家等公法人与自然人以及具有私法性质的组织并不具有平等地位，自然人以及具有私法性质的组织的所有权主体地位优位于国家等公法人。然而，我国实行社会主义制度，国家成为特定物质资源的主体具有必然性，国家所有权的存在具有普遍性。因此，我国民法需要对于国家所有权予以明确规定，与传统的大陆法系国家民法不同，国家作为所有权主体的地位不应当受到严格民法的严格限制，而是应当赋予其与自然人、具有私法属性的组织以相同的所有权主体地位，进而需要对国家的所有权主体地位予以强调。就集体所有权而言，集体所有权是新中国成立以来逐步形成的具有中国特色的所有权。集体所有权亦普遍存在，民法对集体所有权的确认与明确规定对于落实集体所有权具有重要而现实的意义。此外，在《物权法》确认集体所有权为法定所有权之前，集体资产流失以及集体财产权利受到侵害的现象较为严重，集体财产急需法律予以明确保护。因此，《物权法》对于集体所有权予以明确规定。对于私人所有权予以明确规定的目的在于明确法律对私人所有权保护。民法是权利法，是对权利的确认与保护的法律。民法保护权利的范围自然包括私人权利，甚至可以说民法的主要功能在于保护私人的权利。这是民法的本质要求。同时，在我国民法中对于私人所有权的强调具有特殊意义：首先，在新中国成立后一段时期受到极左思想的影响，致使在社会主义建设过程中经历过曲折。改革开放后，法律作为调控国家政治经济生活的理念逐渐恢复，对个人权利的保护和尊重的重要性被予以重视。因此，总结历史经验，防止历史悲剧重现，我国民法对于私人权利的确认与保护具有极其重要的作用和现实意义。其次，在社会主义公有制占主导地位的国家体制之下，对于国家利益、集体利益的强调容易诱使漠视、歧视私人权利思维的蔓延。对于集体所有权予以明确的现实意义在于预防集体内部成员以及他人对于集体所有权的侵害。应当具有私法性质的国家特定物质资源只能成为国家所有权、集体所有权的客体。例如，城市土地只能是国家所有权的客体、特定的农村土地只能是集体所有权的客体。这一权利主体与权利客体之间的配置确保国家、集体对于事关国民经济命脉的重要物质进行有效的支配和控制。可以说，我国民法以主体为标准对于所有权予以划分的设置较为合理。这种划分凸显了农村集体产权的地位，对于农村集体产权交易机制的建立具有极其重要的意义。

（二）农村集体产权形成的历史脉络

新中国成立前，地主阶级垄断了土地等主要农业生产所需的必要生产资料。多数农民由于没有土地等相应的生产资料，其对地主形成了以受雇佣耕种土地为外在表现形式的人身依附关系。由于多数农民对于土地等重要的农业生产资料不享有所有权，加之地主阶级对于雇农的残酷剥削，农民的生产积极性被过度地抑制，农业生产效率低下。中国共产党敏锐地觉察到了这一点，进而早在其成立初期便确立了在全国范围内实行土地革命的方针政策，意在打破地主阶级对土地等农业生产资料的垄断。解放战争时期，土地改革的推进顺应了农民获得土地的现实愿望，进而获得了农民阶级的有力支持，进而为新中国的建立奠定了坚实的群众基础。建国初期，土地改革不断深入，[①]到1952年底，全国范围的土地改革运动基本完成，[②]大量无地少地农民获得土地，农民的生产积极性被激发，农业生产力随之大幅提升。这一时期，我国在农村地区实行的是土地归农民所有的政策，土地等重要的农业生产资料事实上都归农民所有，[③]农村集体产权尚未形成。

随着土地改革的完成，农民土地私有制亦随之逐步确立。土地归农民所有在特定的历史时期固然能够激发农民的生产积极性，提高农业生产效率，但是其亦存在着难以克服的弊端：由于土地买卖自由，较为富裕的农民在获

[①] 1950年，中央人民政府委员会第八次会议通过的《中华人民共和国土地改革法》第1条明确规定："废除地主阶级封建剥削的土地所有制，实行农民的土地所有制，借以解放农村生产力，发展农业生产，为新中国的工业化开辟道路。"

[②] 1952年，全国农村总人口约为5.06亿人，新解放区完成土地改革的农业人口约3.1亿人，加上根据地已经完成土地改革的农业人口1.45亿人，约占全国农村总人口的90%，其中约占全国农业人口总数的60%～70%的3亿多无地少地的农民获得了约7亿亩土地。参见董辅礽：《中华人民共和国经济史》，经济科学出版社1999年版，第82页。

[③] 《中华人民共和国土地改革法》第30条明确规定："土地改革完成后，由人民政府发给土地所有证，并承认一切土地所有者自由经营、买卖及出租其土地的权利。土地制度改革以前的土地契约，一律作废。"

得土地的同时利用手中多余的资本购买其他农民出卖的土地，其依靠出租土地获得收入，劳动已经不再是其谋生的手段。同时，出卖土地的农民再次沦为雇农。农村地区地主与农民的阶层分化再次死而复燃。依照这一发展趋势，土地改革的胜利成果——"消灭地主阶级""实现耕者有其田"将被蚕食殆尽。[①]同时，土地等生产资料归农民所有是完成民主革命的一项内容。按照党中央的部署，民主革命完成后，我国将进行社会主义革命，即通过对农业、手工业以及资本主义工商业的社会主义改造确立社会主义制度。生产资料公有制是社会主义的本质特征和根本要求。遵照这一要求，土地等农业生产资料必将纳入公有制范畴。因此，逐步探索建立土地等生产资料的公有制不仅具有现实必要性而且具有历史必然性。

事实上，建国初期土地改革刚刚完成，中央即着手考虑在农村地区如何实现生产资料公有制。中央深刻认识到，农村地区生产资料公有制的建立是一个循序渐进的过程。第一阶段，中央鼓励农村地区的基本农业生产单位——农户在自愿的基础上成立互助组。参加互助组的农户仍然保留对农地及其相关农业生产资料的所有权，只是在农业生产方面加入互助组的农户采取了协作生产方式。例如，在农忙时节加入互助组的全体农户利用其所有的农业生产工具在某一农户享有所有权的农地上集中劳动，完成这块土地的耕种任务后以相同的方式在下一个农户享有所有权的农地上集中劳动，以此类推直至全部加入互助组的农户的耕种任务全部完成。作为基本生产单位的农户在协作劳动过程中实现了优势互补。例如，在农户单独进行农业生产劳动的情况下，其如若想提高劳动生产率，需要购买农业生产过程中所需的具有较高技术含量的全部工具，这需要大量的资金投入。当农户加入互助组后，农户无须购买农业生产所需的具有较高技术含量的全部工具，其可以借助互助组的劳动协作方式利用他人所有的具有较高技术含量的工具完成农业生产任务。同时，其应当携带其所有的具有较高技术含量的工具参与互助组的协

---

① 参见王琛、许滨：《中国农村土地产权制度论》，经济管理出版社1996年版，第32—33页。

作劳动，其他农户同样可以借助互助组的劳动协作方式利用他人所有的具有较高技术含量的工具完成农业生产任务。由此可见，互助组的设立在特定的范围之内最大限度地集中了人力、物力进行农业生产，节省资金投入的同时又提高了农业生效率。农业生产互助组这一农业生产协作方式的优势得到了中央的肯定，其在我国农村地区得以广泛建立。随着农业生产互助组数量的不断增加，更高级别的农业合作生产方式得以迅速发展起来。在互助组基础之上发展起来的农业合作生产组织便是初级农业生产合作社。加入初级农业生产合作社的社员对于其农地以及生产工具仍然享有所有权，但是该土地以及生产工具的使用权已经发生变化，即该使用权归初级农业生产合作社。社员入社后参加集体劳动，初级农业生产合作社依据社员入社的土地、生产工具数量以及劳动量为标准向社员发放报酬。初级农业生产合作社具备了农业生产合作化的雏形，土地等生产工具的使用权归初级合作社，一定程度上具备农村集体产权的性质。随着初级农业合作社在全国范围内的普遍确立，中央认为进一步深化农业生产合作化具有现实必要性。在初级农业生产合作社基础上，各个农村地区进一步探索建立合作化程度更高的农业生产合作组织，即具备公有制性质的农业生产合作生产组织，这一农业生产合作组织便是高级农业生产合作社。与初级社相比，加入高级农业生产合作社的社员的生产工具的所有权已经归高级农业生产合作社所有，社员的土地所有权亦归属于合作社，农业生产合作社成为农地的所有权主体，此时土地分红被取消，农业生产合作社实行公分制，即以社员参与集体劳动为标准计算劳动报酬。此时，农村集体产权的主要构成由农地的使用权转变为农地的所有权，农村集体产权的构成基础更加牢固。

高级农业生产合作社最终发展成为人民公社。与高级社相比，人民公社的公有制的程度更高，社员的农地所有权不但归人民公社所有，社员原有的自留山、自留地等生产资料亦全部归公社所有，社员甚至不允许保留家禽和家畜。此外，人民公社已经不是单纯的农业生产合作组织而是具有一定行政管理职能的组织，其这一特性亦被概括为"政社合一"。[①]此时，农村集体产权的构成不仅种类而且在数量上有了质的飞跃。在这一时期，农村集体产权的经营和管理虽然缺乏明确的制度支持，但是相关的政策陆续出台并逐渐形成体系，其为未来我国农村集体产权经营、管理规则的确立奠定了基础。

二、农村集体产权交易制度化的现实意义

（一）破除农村集体产权交易的束缚

可以说，我国农村集体产权制度自高级农业合作社时期逐步确立，到人民公社时期最终形成。农村集体产权的主体由高级农业合作社转变为人民公社。人民公社作为集体产权的主体，其对农村集体资产行使相应的权利。但是由于人民公社自身具有政社合一的性质，受制于政治职能的支配，其对于农村集体资产仅仅注重静态化的管理。这一时期，人民公社虽然享有农村集体产权的支配权和使用权，但是国家控制了集体产权的买方与卖方，集体产权的交易无法通过一般性的市场交易加以实现。[②]加之经济体制以及政治环境的影响，为了保护农村集体产权的安全，防止农村集体产权在交易中改变其集体属性，进而导致农村集体资产的流失，农村集体产权的交易处于绝对禁止的状态。然而实践证明，农村集体产权被限制或被禁止交易的做法不仅没能有效遏制和预防农村集体资产流失，反而引发农村集体产权长期处于"沉睡"状态，农村集体产权保护措施不到位且利用效率低下的不良后果。

改革开放初期，随着经济体制改革的不断深入，政社合一的人民公社组织被废除，以政经分离为指导思想的农村组织形式逐步确立。按照中央政策的精神，各类农村集体产权应当归入集体经济组织而与农村政治组织脱钩。

---

① 参见张广荣：《我国农村集体土地民事立法研究论纲——从保护农民个体土地权利的视角》，中国法制出版社2007年版，第20页。

② 农村土地产权的交易无法实现即是基于这一原因。具体论述参见郭强《农村集体产权制度的创新过程解析与发展路径研究——以北京市为例》，经济管理出版社，2018，第55页。

但是受到当时历史条件的限制，在短时期内集体经济组织在我国农村地区不能全面建立。因此，中央政策没有强制农村地区建立集体经济组织，而是允许各个地区根据自身的实际情况决定是否建立集体经济组织。[①]没有条件建立集体经济组织的农村地区，农村集体资产事实上归属于村委会等政治组织，由其负责管理、经营。集体经济组织成为农村集体产权的主体有利于集体产权摆脱行政权力的干预，为集体产权交易创造了一定条件，但是，由于缺乏中央政策以及法律的明确规定，农村集体产权交易仍然处于被禁止的状态。

（二）推动农村集体产权制度改革的纵深发展

随着我国农村经济社会的不断发展，农村集体产权数量不断增加。但是这些产权是否可以通过交易方式实现自由流转，既有法律却未置可否。在实践中，囿于集体具有鲜明的公有制属性，农村集体产权的交易往往被限制、被禁止或者被设定了苛刻的交易条件，使得集体产权价值趋于固化，难以发挥其应用的作用。自发形成的、非正式的农村产权交易机制固然在促进农村集体产权交易的过程中发挥了一定的积极作用，但是由于缺乏明确的规则指引以及有效的监督管理，这一交易机制不具有运行的稳定性和规范性，进而影响农村集体产权交易安全，抑制集体产权交易规模的扩大和交易效率的提升。针对这一现实问题，中央首先从农地这一农村产权领域入手推进农村集体产权制度改革。这一重大改革措施便是农地三权分置。

2013年7月，习近平总书记在湖北考察改革发展工作时强调：“完善农村基本经营制度，要好好研究农地所有权、承包权、经营权三者之间的关

[①] 《中共中央关于一九八四年农村工作的通知》明确指出，政社分设以后，农村经济组织应根据生产发展的需要，在群众自愿的基础上设置，形式与规模可以多种多样，不要自上而下强制推行某一种模式。原公社一级已经形成经济实体的，应充分发挥其经济组织的作用；公社经济力量薄弱的，可以根据具体情况和群众意愿，建立不同形式的经济联合组织或协调服务组织；没有条件的地方也可以不设置。

系。"这是国家领导人第一次在公开场合提及农地"三权分置"，并将农地"三权分置"改革视为我国农村改革的又一次重大创新。

2013年12月，中央农村工作会议明确提出，坚持农村土地农民集体所有，这是坚持农村基本经营制度的"魂"。坚持家庭经营基础性地位，农村集体土地应该由作为集体经济组织成员的农民家庭承包，其他任何主体都不能取代农民家庭的土地承包地位，不论承包经营权如何流转，集体土地承包权都属于农民家庭。坚持稳定土地承包关系，依法保障农民对承包地占有、使用、收益、流转及承包经营权抵押、担保权利。土地承包经营权主体同经营权主体发生分离，这是我国农业生产关系变化的新趋势，对完善农村基本经营制度提出了新的要求，要不断探索农村土地集体所有制的有效实现形式，落实集体所有权、稳定农户承包权、放活土地经营权，加快构建以农户家庭经营为基础、合作与联合为纽带、社会化服务为支撑的立体式复合型现代农业经营体系。土地经营权流转、集中、规模经营，要与城镇化进程和农村劳动力转移规模相适应，与农业科技进步和生产手段改进程度相适应，与农业社会化服务水平提高相适应。要加强土地经营权流转管理和服务，推动土地经营权等农村产权流转交易公开、公正、规范运行。

2014年1月，中共中央、国务院发布的《关于全面深化农村改革加快推进农业现代化的若干意见》（2014年中共中央1号文件）明确提出："稳定农村土地承包关系并保持长久不变，在坚持和完善最严格的耕地保护制度前提下，赋予农民对承包地占有、使用、收益、流转及承包经营权抵押、担保权能。在落实农村土地集体所有权的基础上，稳定农户承包权、放活土地经营权，允许承包土地的经营权向金融机构抵押融资。"2014年11月，中共中央办公厅、国务院办公厅印发的《关于引导农村土地经营权有序流转发展农业适度规模经营的意见》（中办发〔2014〕61号）明确指出："抓紧研究探索集体所有权、农户承包权、土地经营权在土地流转中的相互权利关系和具体实现形式。按照全国统一安排，稳步推进土地经营权抵押、担保试点，研究制定统一规范的实施办法，探索建立抵押资产处置机制。"

2015年10月，党的十八届五中全会审议通过的《中共中央关于制定国民经济和社会发展第十三个五年规划的建议》明确指出："稳定农村土地承包关系，完善土地所有权、承包权、经营权分置办法，依法推进土地经营权有序流转，构建培育新型农业经营主体的政策体系。"2015年11月，中共中央办公厅、国务院办公厅印发《深化农村改革综合性实施方案》明确指出："把握好土地集体所有制和家庭承包经营的关系，现有农村土地承包关系保持稳定并长久不变，落实集体所有权，稳定农户承包权，放活土地经营权，实行"三权分置"。坚持家庭经营在农业中的基础性地位，创新农业经营组织方式，推进家庭经营、集体经营、合作经营、企业经营等共同发展。""坚守土地公有性质不改变、耕地红线不突破、农民利益不受损'三条底线'，防止犯颠覆性错误。深化农村土地制度改革的基本方向是：落实集体所有权，稳定农户承包权，放活土地经营权。落实集体所有权，就是落实'农民集体所有的不动产和动产，属于本集体成员集体所有'的法律规定，明确界定农民的集体成员权，明晰集体土地产权归属，实现集体产权主体清晰。稳定农户承包权，就是要依法公正地将集体土地的承包经营权落实到本集体组织的每个农户。放活土地经营权，就是允许承包农户将土地经营权依法自愿配置给有经营意愿和经营能力的主体，发展多种形式的适度规模经营。"

2016年4月，习近平总书记在安徽省凤阳县小岗村主持召开农村改革座谈会上明确指出，坚持家庭经营基础性地位，坚持稳定土地承包关系。要抓紧落实土地承包经营权登记制度，真正让农民吃上"定心丸"。把农民土地承包经营权分为承包权和经营权，实现承包权和经营权分置并行。这是农村改革又一次重大制度创新。放活土地经营权，推动土地经营权有序流转，政策性很强，要把握好流转、集中、规模经营的度，要与城镇化进程和农村劳动力转移规模相适应，与农业科技进步和生产手段改进程度相适应，与农业社会化服务水平提高相适应。要尊重农民意愿和维护农民权益，把选择权交给农民，由农民选择而不是代替农民选择，可以示范和引导，但不搞强迫命令、不刮风、不一刀切。不管怎么改，都不能把农村土地集体所有制改垮了，不能把耕地改少了，不能把粮食生产能力改弱了，不能把农民利益损害了。

2016年10月，中共中央办公厅、国务院办公厅发布的《关于完善农村土地所有权承包权经营权分置办法的意见》进一步提出："完善'三权分置'办法，不断探索农村土地集体所有制的有效实现形式，落实集体所有权，稳定农户承包权，放活土地经营权，充分发挥'三权'的各自功能和整体效用，形成层次分明、结构合理、平等保护的格局。""始终坚持农村土地集体所有权的根本地位。农村土地农民集体所有，是农村基本经营制度的根本，必须得到充分体现和保障，不能虚置。土地集体所有权人对集体土地依法享有占有、使用、收益和处分的权利。农民集体是土地集体所有权的权利主体，在完善'三权分置'办法过程中，要充分维护农民集体对承包地发包、调整、监督、收回等各项权能，发挥土地集体所有的优势和作用。农民集体有权依法发包集体土地，任何组织和个人不得非法干预；有权因自然灾害严重毁损等特殊情形依法调整承包地；有权对承包农户和经营主体使用承包地进行监督，并采取措施防止和纠正长期抛荒、毁损土地、非法改变土地用途等行为。承包农户转让土地承包权的，应在本集体经济组织内进行，并经农民集体同意；流转土地经营权的，须向农民集体书面备案。集体土地被征收的，农民集体有权就征地补偿安置方案等提出意见并依法获得补偿。通过建立健全集体经济组织民主议事机制，切实保障集体成员的知情权、决策权、监督权，确保农民集体有效行使集体土地所有权，防止少数人私相授受、谋取私利。""严格保护农户承包权。农户享有土地承包权是农村基本经营制度的基础，要稳定现有土地承包关系并保持长久不变。土地承包权人对承包土地依法享有占有、使用和收益的权利。农村集体土地由作为本集体经济组织成员的农民家庭承包，不论经营权如何流转，集体土地承包权都属于农民家庭。任何组织和个人都不能取代农民家庭的土地承包地位，都不能非法剥夺和限制农户的土地承包权。在完善'三权分置'办法过程中，要充分维护承包农户使用、流转、抵押、退出承包地等各项权能。承包农户有权占有、使用承包地，依法依规建设必要的农业生产、附属、配套设施，自主组织生产经营和处置产品并获得收益；有权通过转让、互换、出租（转包）、入股或其他方式流转承包地并获得收益，任何组织和个人不得强迫或限制其流转土地；有权依法依规就承包土地经营权设定抵押、自愿有偿退出承包地，具备条件的可以因保护承包地获得相关补贴。承包土地被征收的，承包农户有权依法获得相应补偿，符合条件的有权获得社会保障费用等。不得违法调整农户承包地，不得以退出土地承包权作为农民进城落户的条件。""加快放活土地经营权。赋予经营主体更有保障的土地经营权，是完善农村基本经营制度的关键。土地经营权人对流转土地依法享有在一定期限内占有、耕作并取得相应收益的权利。在依法保护集体所有权和农户承包权的前提下，平等保护经营主体依流转合同取得的土地经营权，保障其有稳定的经营预期。在完善'三权分置'办法过程中，要依法维护经营主体从事农业生产所需的各项权利，使土地资源得到更有效合理的利用。经营主体有权使用流转土地自主从事农业生产经营并获得相应收益，经承包农户同意，可依法依规改良土壤、提升地力，建设农业生产、附属、配套设施，并依照流转合同约定获得合理补偿；有权在流转合同到期后按照同等条件优先续租承包土地。经营主体再流转土地经营权或依法依规设定抵押，须经承包农户或其委托代理人书面同意，并向农民集体书面备案。流转土地被征收的，地上附着物及青苗补偿费应按照流转合同约定确定其归属。承包农户流转出土地经营权的，不应妨碍经营主体行使合法权利。加强对土地经营权的保护，引导土地经营权流向种田能手和新型经营主体。支持新型经营主体提升地力、改善农业生产条件、依法依规开展土地经营权抵押融资。鼓励采用土地股份合作、土地托管、代耕代种等多种经营方式，探索更多放活土地经营权的有效途径。""逐步完善'三权'关系。农村土地集体所有权是土地承包权的前提，农户享有承包经营权是集体所有的具体实现形式，在土地流转中，农户承包经营权派生出土地经营权。支持在实践中积极探索农民集体依法依规行使集体所有权、监督承包农户和经营主体规范利用土地等的具体方式。鼓励在理论上深入研究农民集体和承包农户在承包土地上、承包农户和经营主体在土地流转中的权利边界及相互权利关系等问题。通过实践探索和理论创新，逐步完善'三权'关系，为实施'三权分置'提供有力支撑。"

在农地三权改革的基础上，2016年中共中央、国务院发布的《关于稳步推进农村集体产权制度改革的意见》明确提出，引导农村集体产权规范化流转和交易。农村集体产权交易的规范化是促进农村集体产权交易应当秉持的方向。规范化的实现，意味着农村集体产权交易需要以明确的、正式的规则为依据，形成相应的交易制度。探索农村集体产权交易的有效途径，建立规范、有效的农村集体产权交易制度势在必行。[1]

---

① 以河南省为例，截至2017年河南省农村集体经济总值土地以外的账面资产达536亿元，村均资产116.5万元。大量的农村资产盘不活，难以发挥应有作用，严重阻碍了农村集体经济的发展壮大。农村集体产权交易平台的建立是解决上述问题的有效途径。参见丁浩：《产权交易平台助推信阳农村产权改革》，《农村·农业·农民》2017年12期。

第二章

农村集体产权交易：概念辨析

与制度化路向

农村集体产权是一个实践性很强的概念，这一概念经过实践经验的洗礼需要上升为界限清晰、具有可操作性的理论概念。这一过程的实现亦是农村集体产权交易制度得以建构并能够有效运行的前提条件。对于农村集体产权相关概念展开研究具有重要现实意义。在厘清农村集体产权相关概念的基础上，进一步明确农村集体产权交易的制度化的方向，农村集体产权交易法治保障的理论框架才能够有效形成。

一、农村集体产权交易的概念辨析

农村集体产权交易在法律制度层面表现为农村集体产权人对于农村集体产权的法律处分或在农村集体产权之上设立负担。[①]因此，农村集体产权交易主要表现为转让农村集体产权或以农村集体财产为客体为他人设定相应的民事权利。其主要特征为：

一是就农村集体产权交易的主体为农村集体产权人以及集体成员或集体成员以外的主体。在农村集体产权制度改革前，农村集体产权交易多数在农村集体产权人与集体成员之间进行。随着农村集体产权制度改革的不断深化，农村集体产权交易逐步走向市场化，交易主体的范围随之不断扩大。农村集体产权人与集体成员以外主体之间的交易数量亦随之增加。

二是农村集体产权交易的对象为农村集体产权。与一般产权相比，农村集体产权往往具有权利主体具有特殊性、产权种类多样、分布的非集中性的特质。

以不同的分类标准，农村集体产权交易主要分为以下类型：

依据交易相对人的不同，农村集体产权交易可以划分为农村集体产权的内部交易与农村集体产权的外部交易。农村集体产权的内部交易是指农村集体产权人与集体成员形成的以特定的农村集体产权为交易对象的交易。例如，农村集体产权人在集体土地之上为集体经济组织成员设立集体经营性建设用地使用权。值得注意的是，农村集体产权交易遵循一般性的市场交易规则，其应当与农村集体经济组织为保障其内部成员基本生产生活而处分集体产权的行为相区分，后者具有福利性、无偿性的特征，集体经济组织在处分这一集体资产时并非遵循市场交易的一般规则，因而不属于农村集体产权交易范畴；农村集体产权的外部交易是指农村集体产权人与集体成员以外的主

---

① 民法视野下，依据大陆法系民法物债二分的基本特征，属于物权范畴的农村集体资产要依循物权设立、转让规则，以租赁等债权为表现形式的农村集体产权依循债权设立、转让规则。

体形成的以农村集体产权为对象的交易。例如，集体经济组织将集体所有的"四荒地"由集体成员以外的主体承包。①

以农村集体产权交易依据的不同，农村集体产权交易可以分为物权性的农村集体产权交易以及债权性的农村集体产权交易。物权性的农村集体产权交易是农村集体产权以物权规则为依据的交易。例如，农村集体产权的转让、农村集体产权人为他人设立用益物权。债权性的农村集体产权交易是农村集体产权以债权规则为依据的交易。例如，集体经济组织将集体土地出租给他人，为他人设立租赁债权。②

以形成农村集体产权的资产类型为标准，农村集体产权交易可以分为农村资源性产权交易以及农村集体经营性产权交易。随着农村集体产权制度改革的不断深化，农村集体产权交易日趋活跃，农村集体产权交易形式不断丰富，农村集体产权交易主体、范围亦日趋扩大。特定的农村集体产权可以进入市场参与流通。基于市场主体平等原则，各类市场主体可以平等参与农村集体产权的交易。农村集体产权交易形式不再局限于集体内部，集体成员

---

① 《农村土地承包法》第48条规定："不宜采取家庭承包方式的荒山、荒沟、荒丘、荒滩等农村土地，通过招标、拍卖、公开协商等方式承包的，适用本章规定。""四荒地"一般不限制承包方的资格，即承包方既可以是集体经济组织成员亦可以是集体经济组织以外的单位和个人。但"四荒地"承包给本集体经济组织以外成员的，应当经过集体经济组织民主决议决定。参见高圣平、王天雁、吴昭军：《中华人民共和国农村土地承包法条文理解与适用》，人民法院出版社2019年版，第324页。

② 例如，《中华人民共和国土地管理法》（以下简称《土地管理法》）第63条规定："土地利用总体规划、城乡规划确定为工业、商业等经营性用途，并经依法登记的集体经营性建设用地，土地所有权人可以通过出让、出租等方式交由单位或者个人使用，并应当签订书面合同，载明土地界址、面积、动工期限、使用期限、土地用途、规划条件和双方其他权利义务。前款规定的集体经营性建设用地出让、出租等，应当经本集体经济组织成员的村民会议三分之二以上成员或者三分之二以上村民代表的同意。通过出让等方式取得的集体经营性建设用地使用权可以转让、互换、出资、赠与或者抵押，但法律、行政法规另有规定或者土地所有权人、土地使用权人签订的书面合同另有约定的除外。集体经营性建设用地的出租，集体建设用地使用权的出让及其最高年限、转让、互换、出资、赠与、抵押等，参照同类用途的国有建设用地执行。具体办法由国务院制定。"集体经营性建设用地使用权设立方式可以为租赁。

以外的主体亦可以成为农村集体产权的主体。农村集体产权交易基于交易主体身份的特殊性正在逐渐褪去，其具有了一般性产权交易的属性。这意味着基于农村集体产权类型的划分，农村集体产权交易具有二重属性：一方面，资源性资产在交易过程中基于保护集体成员基本权益的需要，其在交易相对人、交易价格设定等方面具有一定特殊要求；另一方面，集体经营性资产其主要功能为获得收益，其与一般性资产之间没有本质上的差异。农村集体经营性产权的交易更加具有开放性。值得注意的是，农村公益性资产主要承载了公共服务职能，其不能作为交易对象。但农村公益性资产在转化为农村集体经营性资产的情况下亦可以作为交易对象。

以是否以公开竞价的方式进行交易为标准，农村集体产权交易可以分为农村集体产权公开竞价交易与农村集体产权非公开竞价交易。随着农村集体产权交易规范化程度的不断提高，绝大多数农村集体产权交易需要通过公开竞价的方式进行，特殊情况下农村集体产权无法以公开竞价的方式进行交易的，可以采取非公开竞价的方式。例如，农村集体产权采取公开竞价方式后没有竞价人，此时集体经济组织通过特定的民主决议可以决定该农村集体产权的交易可以采取非竞价的方式。

农村集体产权交易类型化的目的在于依据农村集体产权不同的交易类型的特征确定相应的交易规则：以交易相对人是否为集体成员为分类标准，在交易相对人为集体成员时，由于集体成员具有一定能力促进农村集体产权交易民主决议程序的启动，因而在交易合同效力因未经集体民主决议受到影响时，法律规则应当倾向于加重集体成员的法律责任。与之相反，交易相对人为集体成员以外的主体，其并不具备该能力，因而在交易合同效力因未经集体民主决议受到影响时，法律不应当加重其责任。以资产类型作为分类标准，其意义在于特定类型的农村集体资产在多大程度上能够进入交易市场，成为依循市场交易规则进行交易的产权。农村集体资源性资产以及农村集体公益性资产形成的农村集体产权进入市场交易受到一定限制，例如，我国实行土地公有制，集体土地所有权不能参与土地市场的流通，集体土地所有权不能作为农村集体产权的交易对象；[①]集体出资建立的公益性设施不能作为担保物权的客体。[②]与之相反，由集体经营性资产形成的农村集体产权则可以依循一般性的市场交易规则进行交易。以是否以公开竞价的方式进行交易为标准对农村集体产权交易进行分类，法律应当鼓励农村集体产权交易采取公开竞价的方式，以促进交易的公平、公正，严格限制非公开交易方式。

二、农村集体产权交易制度化的基本路向

农村集体产权交易制度建构需要秉持何种方向，是农村集体产权交易制度建构亟须决的现实问题。农村集体产权交易制度的建构需要以市场化为方向，其理由为：

首先，农村集体产权交易制度的建构需要以市场化为方向符合中央关于农村集体产权制度改革的政策精神。2014年国务院办公厅印发《关于引导农村产权流转交易市场健康发展的意见》（国办发〔2014〕71号），这一规范性文件从指导思想、基本原则、农村产权交易的形式、运行和监管以及保障措施等方面对于我国农村产权流转交易市场的建设提出了明确要求。依据中央政策精神，农村产权流转交易市场化是未来我国建立并完善农村产权交易体制、机制的必然趋势。农村集体产权是农村产权的重要组成部分，是巩固、发展壮大集体所有制的物质基础。农村产权交易的市场化必然带动农村

---

① 参见高富平：《物权法原论》，法律出版社2014年版，第507页。

② 参见《民法典》第399条规定："下列财产不得抵押：（一）土地所有权；（二）宅基地、自留地、自留山等集体所有土地的使用权，但是法律规定可以抵押的除外；（三）学校、幼儿园、医疗机构等为公益目的成立的非营利法人的教育设施、医疗卫生设施和其他公益设施；（四）所有权、使用权不明或者有争议的财产；（五）依法被查封、扣押、监管的财产；（六）法律、行政法规规定不得抵押的其他财产。"集体经济组织投资建立的公益设施当属于上述规定中的"学校、幼儿园、医疗机构等为公益目的成立的非营利法人的教育设施、医疗卫生设施和其他公益设施"范畴。

集体产权交易的市场化。①

　　其次，农村集体产权交易制度的建构需要以市场化为方向能够满足农村集体产权交易的现实需求。目前，我国农村集体产权交易日渐活跃。现阶段，农村集体产权交易尚处于政策推广阶段，各地区依照中央政策精神制定地方性政策文件或地方法规，这些地方性政策文件或地方法规在本地区农村集体产权交易中发挥了相当重要的作用。各地区在农村集体产权交易实践中形成了极具地方特色的规则，各地区政府以及农村自治组织在组织农村集体产权交易、规范农村集体产权交易行为以及指导农村集体产权交易服务等工作中积累了大量经验。但是由此产生的问题便是农村集体产权交易的"地方主义""部门主义"倾向严重。②由于缺乏相应的统一的法律制度的引导和支持，我国农村集体产权交易仍然呈现市场规模小、参与主体数量少、交易主体权益难以获得有效保障、交易对象种类单一等现实状态。为了更好地培育集体产权交易市场、形成稳定的交易秩序、保障交易主体的合法权益，农村集体产权交易法律制度的建构势在必行。如何将具有地方特色的规则以及各地区政府以及农村自治组织积累的实践经验进一步提炼和总结，上升为具有统一性、规范性以及可操作性的制度规则，进而适用于农村集体产权交易的实践，规范各方交易行为，形成良好的农村集体产权交易秩序具有重要的现实意义。

　　以市场化为方向，农村集体产权交易制度必然具有以下特征。其一，农村集体产权交易主体的法律地位平等。交易主体具有平等的法律地位是农村集体产权交易制度建构以市场化为理念的基础。市场交易主体地位平等，双方才能依据自由意志选择如何交易、与谁交易，交易的自愿性和真实性才能得到有效保障。其二，坚持农村集体产权交易的开放性。农村集体产权交易准入是否具有开放性决定了农村集体产权交易市场的繁荣程度。农村集体产

---

① 关于农村集体产权制度改革以市场化为方向的具体论述，参见房绍坤、林广会：《农村集体产权制度改革的法治困境与出路》，《苏州大学学报（哲学社会科学版）》2019年第1期。

② 参见张斌：《新时代深化农村集体产权制度改革的思考》，《中州学刊》2019年第9期。

权交易准入的开放性应当包含两个层面的内容：一是农村集体产权交易主体的开放性，自然人、法人、非法人组织等法律确认的主体均可以参与农村集体产权的交易；二是农村集体产权交易对象具备一定的开放性，除了法律规定禁止交易的农村集体产权外，其他农村集体产权均可以进入市场交易。[①]其三，农村集体产权交易以公开透明、公平竞争为基本原则。维护公开透明、公平竞争的市场交易秩序是确保农村集体产权交易市场能够健康发展的关键。农村集体产权交易事关广大集体成员的根本利益，公开透明、公平竞争的市场交易能够真实反映农村集体产权的市场价值，实现农村集体产权的优化配置，有效预防暗箱操作引发的农村集体资产流失，保障广大集体成员的根本利益。

农村集体产权交易制度以市场化为理念，并不意味着农村集体产权交易完全依赖市场，实现彻底的自由化，而是应当兼顾农村集体产权自身的公益属性，在农村集体产权制度建构过程中植入特定的公益性要素。农村集体产权是农村集体所有制资产的权利表现形式，是集体成员以劳动等方式积累形成的产权，其往往担负着支持公共服务、保障集体成员基本生活等公益性职能。因此，农村集体产权交易制度的建构应当充分考虑其公益属性，以维护广大集体成员根本利益、为农服务为宗旨，确保农村集体产权交易制度能够引导、规范农村产权流转交易市场发展，充分发挥其服务农村改革发展的重要作用。

[①] 例如，山东省滨州市滨城区在其发布的政策指导意见中明确指出，所有的实物资产交易，农村集体经济组织的无形资产交易，农村集体经济组织持有的依法可交易的财产权益，农村集体重大项目的公开招投标等都可以作为农村集体产权的交易对象。农村集体产权交易对象在实践中呈现逐步开放的趋势。参见刑光：《滨城区积极开展农村集体产权流转交易市场建设》，《当代农村财经》2017年第2期。

第三章

农村集体产权交易平台
制度的建构

农村集体产权交易平台不仅仅是农村集体产权交易的载体和前提基础，亦是农村产权制度改革的关键环节。在全面依法治国背景下，法律将农村集体产权交易平台纳入其规制范畴进而形成稳定、有效的农村集体产权交易平台制度，是我国农村集体产权制度改革的必然趋势。①

---

① 参见房绍坤：《深化农村集体产权制度改革的法治保障进路》，《求索》2020年第5期。

一、农村集体产权交易平台的法律性质

（一）农村集体产权交易平台法律性质认定的问题与争议

农村集体产权是集体所有制财产的重要组成部分，是保障集体经济组织存续和运行的重要物质基础。随着我国农村经济社会的不断发展，农村集体产权的数量和价值亦随之不断增加。[1]但是，由于缺乏市场化交易机制的作用和激励，实践中多数农村集体产权未能得到有效利用，处于"沉睡"状态。农村集体产权资源未能得到有效配置。部分地区的农村集体产权人怠于行使集体产权的监督管理职责，进而导致农村集体资产流失，严重损害了集体成员的合法权益。如何更好地发挥农村集体产权在壮大集体经济、保障集体成员的根本利益方面的作用是农村集体产权制度改革需要解决的现实问题。[2]2016年中共中央、国务院发布的《关于稳步推进农村集体产权制度改革的意见》明确指出，农村集体产权改革应当适应健全社会主义市场经济体制新要求，探索农村集体所有制有效实现形式，盘活农村集体资产。以这一政策精神为指引，以市场化为导向盘活农村集体资产成为提高农村集体产权提高效率、防止农村集体资产流失、推进农村集体产权制度改革的有效路径。

以市场化为导向盘活农村集体资产的核心在于建立规范、平稳的农村集体产权交易制度，鼓励、支持和引导农村集体产权交易。实践中，为了规范农村集体产权交易，各地区出台的地方性法规、规章明确规定农村集体产

---

[1]　截至2019年底，全国无集体经济经营收入的村由2014年的32.3万个减少到2018年的19.5万个，集体经济经营收入在5万元以上的村由12.7万个增加到19.9万个。随着农村集体经济不断壮大，农村集体产权的数量和价值必然会随之增加。数据来源参见夏英、张瑞涛：《农村集体产权制度改革：创新逻辑、行为特征及改革效能》，《经济纵横》2020年第7期。

[2]　参见闵师、王晓兵、项诚、黄季焜：《农村集体资产产权制度改革：进程、模式与挑战》，《农业经济问题》2019年第5期。

权交易需要在农村集体产权交易平台进行。①这一交易制度的基本结构表现为农村集体产权聚集于特定的交易平台，依据公开有效的规则在不同主体之间实现流动。以交易平台为载体的市场化交易机制的引入，使得农村集体产权能够通过平等、公开的竞价规则充分释放其自身价值。②同时，农村集体产权的权利人在市场交易机制的作用下，其对农村集体产权的监管积极性将不断提升，进而能够有效降低农村集体资产流失的可能性。因此，农村集体产权交易平台不仅仅是农村集体产权交易的载体和前提基础，亦是农村产权制度改革的关键环节。在全面依法治国背景下，法律将农村集体产权交易平台纳入其规制范畴进而形成稳定、有效的农村集体产权交易平台制度，是我国农村产权制度改革的必然趋势。③明确农村集体产权交易平台的法律性质、功能以及基本构造是农村集体产权交易平台制度建构过程中需要解决的首要问题。

农村集体产权交易平台是农村集体产权制度改革过程中催生的新型市场主体，明确其法律主体地位是农村集体产权交易平台制度建构的前提基础。随着农村集体产权流转数量和频率的不断增加，农村集体产权交易平台的需求量亦随之不断上升。农村集体产权交易平台成为农村集体产权交易的重要媒介，对促进农村集体产权交易发挥了积极作用。法律赋予农村集体产权交

---

① 例如，《江西省南昌市农村集体产权交易规则（试行）》第3条明确规定："本市所辖农村集体产权依法转让、出租、入股、抵押或其他方式流转交易的，必须在市、县（区）、乡（镇）统一的农村综合产权交易管理平台进行。"

② 例如，2016年浙江省嘉兴市秀洲区王江泾镇虹北村通过农村集体产权交易平台出租一块集体土地，交易底价2700元/年，共有六人参与竞拍，最后以10 000元/年的最高价成交，而这块土地上一轮租金仅为2000元/年，该资产收入比上一年提高了400%。而同村面积为132.66亩（1亩≈666.7平方米）的土地流转，交易底价950元/亩/年，通过农村集体产权交易平台竞拍成交价为1 150元/亩/年，该块土地年收入同比增长21.05%。仅此两块土地，一年为村集体增加收入35 000元。参见陆三英：《嘉兴王江泾镇农村集体产权交易平台的实践与思考》，《新农村》2017年第4期。

③ 参见房绍坤：《深化农村集体产权制度改革的法治保障进路》，《求索》2020年第5期。

易平台以法人资格符合我国农村集体产权交易平台建设的实际需求，有利于保障农村集体产权交易平台的合法权益，促进其健康发展。这在理论界和实务界已经形成共识，但农村集体产权交易平台属于何种具体类型的法人，需要立法予以进一步明确。

我国《民法典》将法人分为营利法人、非营利法人、特别法人三种类型。依据《民法典》第96条的规定，特别法人的类型包括机关法人、农村集体经济组织法人、城镇农村合作经济组织法人、基层群众自治组织法人。《民法典》对于特别法人的类型予以明确列举，即类型的法定化，农村集体产权交易平台法人难以归属其中。此外，目前我国各地建立的农村集体产权交易平台没有将其打造为特别法人的倾向。因此，农村集体产权交易平台法人不属于特别法人当无疑问。[①]从实践来看，一些地区在农村集体产权交易平台建设过程中将其塑造为营利法人，有些地区则将其塑造为非营利法人。将农村集体产权交易平台塑造为营利法人的典型代表为浙江省永嘉县。该县在建立农村集体产权交易平台的过程中引进民营资本建立农村集体产权交易平台，即农村集体产权交易平台的建立经过政府审批后，由政府部门以公开招标的方式确定农村集体产权交易平台的投资方。中标的企业将作为农村集体产权交易平台的出资人，出资建立农村集体产权交易平台，政府以特许经营方式允许该投资者经营农村集体产权交易平台。[②]由于农村集体产权交易平台的出资人为营利法人，其投资的目的在于获得利润并将该利润分配给投资人（《民法典》第76条），因此其投资设立的农村集体产权交易平台亦具

---

① 在农地三权分置背景下，农村集体经济组织是特别法人的主要类型。参见许中缘、崔雪炜：《"三权分置"视域下的农村集体经济组织法人》，《当代法学》2018年第1期。

② 参见陈美球、廖彩荣、朱美英、张淑娴：《农村产权交易的市场化运作探索——基于浙江永嘉农村产权交易改革的调研》，《土地经济研究》2019年第2期。

有营利法人的性质。①将农村集体产权交易平台塑造为非营利性人的典型代表为江苏省如皋市、山东省济南市。②农村集体产权交易平台的建立经政府审批后，由政府部门出资设立。由于政府并不具有营利法人的性质，其投资建立农村集体产权交易平台的目的并非获得利润并分配给投资人，因而其具有明显的非营利法人的性质。由此可见，农村集体产权交易平台法人性质认定在实践中尚未形成统一意见，营利法人抑或非营利法人皆有之。在制度建构层面，农村集体产权交易平台的法律性质究竟为营利法人抑或非营利法人，需要立法在总结实践经验的基础上予以抉择。

（二）农村集体产权交易平台具备非营利性法人属性之正当性分析

农村集体产权交易平台的法律属性决定了其运行模式。在市场经济条件下，一般性的商业交易平台都具备营利法人属性，这意味着交易监管主体奉行非干预原则，交易的监管完全是一种外部性的监管，交易平台的组织者可以依据平台提供的服务收取相应的费用，其运行的目的是通过提供市场服务追求利润。然而，农村集体产权交易平台具有一定特殊性，不能简单地认为，农村集体产权交易平台具有营利法人属性，其建设仅依循普通的商业性交易平台规则即可。

首先，农村集体产权交易平台的建设依循普通商业交易平台规则有违农村集体产权的基本属性。农村集体产权承载着保障农村集体成员生存和发展

---

① 2010年4月15日，由北京市农业投资公司出资5500万，报经北京市农委、市金融局批准，北京农村产权交易所正式成立。由于投资主体为具有营利性质的法人，这一产权交易平台具有营利性人的性质。参见张博、李春艳：《打造农村发展新引擎——北京农村产权交易所纪实》，《农村经营管理》2014年第10期。

② 例如，江苏省如皋市将设立的市农村集体产权交易服务中心的性质确定为事业单位。参见姜永华：《如皋：加快农村产权交易平台建设 推动城乡生产要素自由流动》，《江苏农村经济》2016年第1期；《济南市人民政府关于推进农村产权流转交易市场体系建设工作的实施意见》明确规定，产权交易平台和服务平台主要提供公益性公共服务，不以营利为目的。依据这一规定设立的农村集体产权交易平台不具有营利法人属性。

的职能，因而具有一定的公共性。因此，农村集体产权交易要保证农村集体产权的保值、增值，保障农村集体成员获得收益。农村集体产权的这一基本特征决定了其与一般性的商品交易存在较大差异，农村集体产权交易平台的设立及运行亦应当因应农村集体产权的公共性。由此决定，农村集体产权交易平台的建设应当坚持公益性理念，这一理念的贯彻符合农村集体产权的基本属性。

其次，将农村集体产权交易平台的法律性质认定为营利法人，不利于降低交易成本和交易的监督管理。将农村集体产权交易平台塑造为营利法人固然能够最大限度地发挥交易平台的自由性、灵活性，但其缺陷亦较为明显：一方面，农村集体产权交易成本会有所提高，不利于引导农村集体产权交易主体通过平台进行交易。若农村集体产权交易平台为营利法人，那么交易平台必然需要向农村集体产权交易主体收取一定的服务费用，收取的费用扣除成本后还要有一定的剩余作为利润分配给投资人。如此一来，农村集体产权交易主体为了节省交易成本往往会选择非进入交易平台的交易方式，间接削弱了农村集体产权交易平台的作用和影响力，不利于农村集体产权交易平台的培育。另一方面，不利于农村集体产权交易平台内部交易监管机制的形成。农村集体产权交易平台一旦具有营利法人的性质，其组织运行的宗旨和目的将确定为获得利润，而对于农村集体产权交易是否具有正当性、合法性的关注程度和审查职能便会随之降低。在商业利益的驱使下，个别农村集体产权交易平台甚至为了促成交易获得商业利益会故意隐瞒不当交易信息，变相助长不当交易的形成。可以说，将农村集体产权交易平台塑造为营利法人极易诱发农村集体产权交易平台的道德风险。如此，设立农村集体产权交易平台促进农村集体产权交易规范性、实现农村集体产权的保值与增值的农村集体产权制度改革的目标便无从谈起。

再次，将农村集体产权交易平台的法律属性认定为营利法人不符合我国农村集体产权交易平台建设的实际。从实践来看，我国绝大多数农村集体产权交易平台是以政府主导的方式设立，[①]政府在农村集体产权交易平台的设立过程中发挥了重要作用，具体表现为：其一，农村集体产权交易平台的建立往往需要政府部门的审批，政府部门对于农村集体产权交易平台设立的地点、规模以及主要职能等事项具有决定权。其二，政府部门对于农村集体产权交易平台的出资具有相应的决定权。农村集体产权交易平台的出资方一般由政府部门指定，政府部门往往基于政策扶持的目的，[②]对于在交易平台上进行的农村集体产权交易予以补贴，用以支持农村集体产权交易平台建设。其三，政府部门对于农村集体产权交易平台的运行进行监管。政府部门通过农村集体产权交易平台掌握农村集体产权交易的总体情况，对于农村集体产权交易进行实时监督，及时纠正农村集体产权交易过程中发生的违法行为。由此可见，实践中农村集体产权交易平台建设并没有完全遵循普通商业交易平台规则，若农村集体产权交易平台制度的建构改变这一现状，将会面临制度设计与社会实际相脱离的现实危险。

最后，将农村集体产权交易平台的法律性质认定为非营利法人能够克服将其认定为营利法人的弊端：其一，能够有效降低农村集体产权交易主体的交易成本。由于农村集体产权交易平台具有非营利法人性质，农村集体产权

[①] 在农村集体产权制度改革进程中，各地有关部门为把握改革方向、统筹工作安排，建立了以党委、政府主要领导任组长，多个职能部门为成员单位的农村集体产权制度改革试点工作领导小组，并设立领导小组办公室，明确各成员单位职责，建立联席会议制度，形成改革会商协商机制，确保党政主要领导抓改革工作，"一把手"亲自抓工作责任，做到事有人管、责有人负、密切配合、协调推进。农村集体产权交易平台的设立属于农村集体产权制度改革的重要组成部分，其设立自然纳入政府"顶层设计"范畴。例如，江苏省南京市通过举办农村产权交易市场建设专题培训班的形式提高农业管理干部指导农村集体产权交易平台建设的业务水平。参见张红宇、胡振通、胡凌啸：《农村集体产权制度改革的实践探索：基于4省份24个村（社区）的调查》，《改革》2020年第8期；孔祥智、赵昶：《农村集体产权制度改革的实践探索与政策启示——基于7省13县（区、市）的调研》，《中州学刊》2020年第11期。

[②] 例如，山东省滨州市区农委为引导和鼓励农村集体产权进场交易，对通过滨州市农村集体产权交易所、区县土地承包管理和流转服务平台交易的土地流转项目，按照每亩20元的标准给予补贴，作为平台建设的补贴资金。参见邢光：《滨城区积极开展农村集体产权流转交易市场建设》，《当代农村财经》2017年第2期。

交易平台不以获得商业利益并分配给投资人为存续目的，农村集体产权交易平台可以免费为交易主体提供服务或是适当收取成本费用，交易成本进而降低。[①]其二，有利于农村集体产权交易平台内部建立良好的监管机制。由于农村集体产权交易平台具有非营利法人属性，其不以获得商业利益为运营宗旨，其不再受到营利性的羁绊和干扰。农村集体产权交易平台基于其公益性宗旨，于内部建立相应机制并加强对农村集体产权交易的正当性和合法性予以有效监管，提升农村集体产权交易规范化水平，进而能够有效防止农村集体产权在交易过程中不当流失、贬值现象的出现。

因此，依循农村集体产权交易平台建设的公益性理念，从有利于降低农村集体产权交易成本、促进农村集体产权交易平台对农村集体产权实施有效监管的角度出发，法律赋予农村集体产权交易平台以非营利法人的属性具有正当性、合理性。未来立法应明确，农村集体产权交易平台由政府部门决定或由投资人申请后经审批设立，农村集体产权交易平台的法律性质为非营利性法人（非营利性的国有独资公司或者公法人），其出资人为政府部门。[②]

二、农村集体产权交易平台的功能

农村集体产权交易平台的基本宗旨在于为农村集体产权交易主体提供规范、稳定的交易场所，促进农村集体产权交易的繁荣和发展。交易是市场的本质和核心，交易平台是市场的产物，没有市场就没有交易平台。同时，农村集体产权交易平台的建立是克服农村集体产权市场外流转、交易信息配置

---

① 例如，《河北省农村产权流转交易管理办法》第5条规定："农村产权流转交易市场须坚持为农服务宗旨，突出公益性，不以盈利为目的。"该管理办法第22条规定："为减轻农民负担，流转交易中心对进行流转交易的农户和农村集体经济组织免收服务费用，对其他交易主体收取费用，收费标准向社会公开。"

② 《江西省人民政府办公厅关于引导农村综合产权交易市场健康发展的实施意见》明确提出，农村综合产权交易平台应为服务"三农"的非盈利性机构，可以是事业法人，可以是国有资本出资组建的企业法人，依法组织各类农村产权交易，独立承担法律责任和市场风险。

范围小、资源配置效率低下的有效途径。因此，农村集体产权交易平台的运行应当以市场化为导向。以市场化为导向意味着农村集体产权交易平台的运行应当遵循市场化的基本原则，即公开、公正、平等。①从实践来看，农村集体产权交易平台的功能具有复合化的趋势，②③即农村集体产权交易平台不仅为农村集体产权提供现实化的载体，还承载了提供与交易相关的市场服务的职能。以市场化为基本原则，未来立法应当对农村集体产权交易平台的功能予以明确规定。具体而言，农村集体产权交易平台的法定功能包括如下几项：

（一）农村集体产权交易平台的信息发布功能

农村集体产权交易实现的前提是农村集体产权交易主体能够及时获得有效的信息。交易双方当事人通过农村集体产权交易平台能够获得准确而有效的交易信息，进而依据所获得的信息判断市场行情，决定是否参与交易。可以说，农村集体产权交易平台为满足农村集体产权交易双方当事人的合理预期提供了必要条件。农村集体产权交易平台能够获得交易主体的信赖，进而提升其信誉影响力，吸引更多的交易主体进入平台参与交易，农村集体产权交易通过交易平台的运作逐步实现正规化。

① 参见张斌：《新时代深化农村集体产权制度改革的思考》，《中州学刊》2019年第9期。

② 例如，成都农交所即是具有"产权交易、技术与资本结合、投融资服务"等多功能的综合性农村集体产权流转平台。参见秦仕魁：《成都：开展农村产权交易大有可为》，《产权导刊》2008年第12期。

③ 吉林省人民政府办公厅发布的《关于推进农村产权流转交易市场健康发展的实施意见》明确提出，积极引入中介机构，通过会计、评估、法律、咨询等专业化服务，推动交易规范化。创新拓展金融服务，引导银行、保险、基金、担保等金融机构与省农村产权市场加强合作，加快推进产业投资、抵质押融资，探索开展资产证券化、土地信托等新型金融服务，建立产权交易与金融服务联动机制。加强与省外投资机构、交易市场、农业龙头企业的联系，促进跨区域交流合作。通过业务委托、合作等方式引入专业机构，对数据分析、资金结算、资产评估等配套服务实行市场化运营，创新服务模式，提高服务效率。农村集体产权交易平台不仅仅发挥农村集体产权交易市场的作用，而是成为法律、金融等服务行业进入农村集体产权交易市场的媒介和桥梁，其功能具有多元化和综合化的趋势。

实践中，农村集体产权交易平台获取农村集体产权信息的渠道有两种：其一，农村集体产权人主动将信息提供给交易平台。农村集体产权交易平台依据农村集体产权人提供的农村集体产权信息，询问其交易意向以及与交易相关的其他信息。农村集体产权交易平台经与农村集体产权人确认后，将农村集体产权交易信息处理后在交易平台发布。其二，农村集体产权交易平台主动收集农村集体产权信息，经筛选、处理后进行发布。在我国多数地区，农村集体产权交易平台的建立时间不长，广大基层地区的农村集体产权人对于农村集体产权交易平台不甚了解，进而引发一些地区农村集体产权交易平台的业务量较少、农村集体产权交易种类单一的问题的产生。[①]因此，为了扩大农村集体产权交易平台的影响力，使基层农村集体产权人了解农村集体产权交易平台在农村集体产权交易过程中所发挥的积极作用，进而积极主动通过农村集体产权交易平台进行交易，农村集体产权交易平台的工作人员或是联络员应主动深入特定的村、村民小组所在地区进行农村集体产权信息收集。农村集体产权交易平台通过信息的集中发布使得交易当事人能够有效降低信息搜寻以及缔约成本，助力农村集体产权交易的形成。

（二）农村集体产权交易平台的组织交易功能

农村集体产权交易能够为农村集体资产的保值、增值提供有力支持：其一，农村集体产权交易拓宽了农村集体产权的经营渠道，使得农村集体产权的保值、增值具备了现实可能性。实践中，农村集体产权主体并非专业的产权管理主体，其在管理和经营农村集体产权过程中可能面临管理经验不足、效率低等现实问题。这种情况下，农村集体产权主体可以通过农村集体产权交易方式，将农村集体产权以租赁、承包等方式交由专业性的市场化主体来经营管理。通过农村集体产权的交易，农村集体产权主体不仅有效规避了管

---

① 例如，山东省青岛市农村集体产权交易就面临品种较少，且交易量不大的现实问题。参见王妍、李华、吴梵：《青岛市农村产权综合交易平台构建研究》，《中国农业会计》2016年第9期。

理、经营集体产权的风险，亦能够保障其获得稳定的产权收益。[①] 其二，农村集体产权交易能够打破农村集体产权自我封闭的空间，市场资本借助交易制度这一合法渠道注入农村集体产权之中，激发农村集体产权的活力，提升农村集体产权的市场竞争力，进而实现农村集体产权的优化配置。[②] 产权的交易价值与其自身的可交易性存在正向关系，即交易受到的限制条件少的产权，其市场价值要明显高于受到限制条件较多的产权。[③] 产权的价值只有在市场交易中才能得以体现和衡量。多数不参与市场交易的农村集体产权往往只能依靠有限的公共投资（集体经济组织收益投资、财政拨款等方式）维持基本的运营，其增值和保值无从谈起。而具备可交易性的农村集体产权，投资者可以通过农村集体产权交易平台获得该农村集体产权并对其进行投资，当获得收益后，投资者通过农村集体产权交易平台变现其投资和利润。在这一过程中，借助农村集体产权交易平台，农村集体产权实现了增值、保值，达到了实现资源优化配置的效果。由此可见，农村集体产权交易平台为农村集体产权的保值、增值奠定了坚实基础。

农村集体产权交易平台的核心功能在于组织交易。农村集体产权交易

---

① 湖北省襄阳市在农村集体产权制度改革中，对于农村集体产权采取了"营运不经营"的管理策略，改革经营方式，提高经营效益。檀溪村认真总结前些年村集体既兴办企业，又经营企业，经营不善的教训，采取"营运不经营"的方式，不直接经营集体资产，而是采取发包、租赁、入股、合作等经营方式，进行间接经营，风险不大，收入稳定，干部省心，股民满意。参见李宇江、吴先辉：《抓好改革创新 促进"三农"发展 ——湖北省襄阳市深化农村集体产权制度改革探索》，《农村工作通讯》2016年第17期。

② 2007年农业部出台的《关于稳步推进农村集体经济组织产权制度改革试点的指导意见》明确指出，产权制度改革后，村集体经济组织可以选择合适的市场主体形式，成立实体参与市场竞争，也可以选择承包、租赁、招标、拍卖集体资产等多种方式进入市场。要以市场的思维、市场的方式参与市场竞争，管理集体资产，提高运营效率，增加农民收入，发展集体经济。可见，通过农村集体产权制度改革，推进农村集体产权的交易在多年前已经得到中央认可。

③ 例如，农村集体产权交易范围受到限制会造成农村集体资产的价值难以完全显化。参见郭晓鸣、王蔷：《深化农村集体产权制度改革的创新经验及突破重点》，《经济纵横》2020年第7期。

应当采取招标、竞价等市场化的交易方式。[①]一旦农村集体产权交易脱离了公开化的市场，农村集体产权具有实际控制力的人就有可能为了自身获得不当利益将农村集体产权以较低的价格进行交易，进而导致农村集体产权的流失和不当贬值。不采取公开化的交易模式的农村集体产权往往存在较高的流失、不当贬值的风险。与之相对，农村集体产权交易平台运行秉持公开理念，使农村集体产权交易在阳光下进行，能够有效遏制农村集体产权交易的暗箱操作，防止农村集体资产在交易过程中流失、不当贬值，避免农村集体产权成为农村"干部经济"的配线木偶。[②]因此，法律应当明确规定农村集体产权必须在农村集体产权平台进行交易，非平台交易不受法律保护。[③]

在组织交易过程中，农村集体产权交易平台可以根据交易需要要求申请交易人提供相应的材料，[④]整合农村集体产权交易当事人以及交易对象的相关信息并对其进行真实性、完整性进行审核。农村集体产权交易平台应当

[①] 天津市农村集体产权交易所将产权挂牌交易信息在天津农交所门户网站面向全社会公开发布，意向受让方报名后交易系统自动发送用户名和密码，在规定时间内，凭用户名和密码登录系统参与竞价。参见张凯、王菲：《天津农交所实施"市—区—镇"三位一体农村产权交易体系运营模式》，《产权导刊》2019年第3期。

[②] 传统农村集体经济主要是"干部经济"，即承包地、宅基地以外的农村集体产权，集体成员"人人有份"又"人人无份"，群众没有参与积极性，农村集体产权的管理、处分完全由村干部说的算，导致集体经济虚化、弱化。参见刘同山、陈晓萱：《农村集体产权制度改革：总体目标、阶段进展与后续挑战》，《中州学刊》2020年第11期。

[③] 广东省佛山市南海区里水镇资产管理交易平台明确规定，满足特定条件（如租赁期限在6年以上的农村集体产权的租赁）的农村集体产权必须在该产权交易平台进行交易。参见楼建丽：《赴广东学习农村产权交易市场的考察报告》，《上海农村经济》2014年第8期。

[④] 《江西省南昌市农村集体产权交易规则（试行）》第8条明确规定："出让方向农村综合产权交易中心提出申请并提交下列材料：（一）出让方出让集体产权的申请书；（二）出让方的资格证明或者其他有效证件（照）；（三）出让标的的情况说明；（四）农村集体产权主管部门依法出具的相关证明材料；（五）标的底价及作价依据；（六）需要提交的其他材料。"

对交易申请人提交的材料进行登记并与申请人签订委托交易协议，^①对于需要经过审批的农村集体产权交易，农村集体产权交易平台应当将申请交易的相关材料在材料审核完成后七个工作日内将相关材料移交给相应的农业经济管理部门进行审核。农业经济管理部门审核通过后应当在七个工作日内将申请材料返还农村集体产权交易平台，并以书面方式通知农村集体产权交易平台。农村集体产权交易平台应当在收到书面通知后七个工作日内将农村集体产权交易相关信息录入系统，发布相应的交易信息。^②农村集体产权交易平台应当在公布信息的同时明确信息公告期限。在信息公告期限内，有交易意向的相对人应当向农村集体产权交易平台提出交易申请。在交易价格相同的情况下，原集体产权的承租人、集体成员对于该农村集体资产具有优先购买权。同时存在两个以上优先权的，法定优先权在先；不能确定优先权次序的，以现场抽签方式确定竞得人。^③

其提出交易申请时应当提供以下材料：一是农村集体产权交易相对人的身份证明材料；二是农村集体产权交易相对人的资信证明，一般为农村集体产权交易相对方具备经营农村集体产权的资金以及资信证明材料；三是农村集体产权交易登记申请材料；四是农村集体产权交易平台需要的其他材料。^④农村集体产权交易平台可以要求有交易意向的相对人支付交易保证

---

① 《江西省人民政府办公厅关于引导农村综合产权交易市场健康发展的实施意见》明确提出，农村综合产权交易市场应当审核审查受让方资料。《江西省南昌市农村集体产权交易规则（试行）》第9条明确规定："农村综合产权交易中心对农村集体产权出让申请进行登记，并对出让材料进行审查，审查通过的，出让方与农村综合产权交易中心签署《委托交易协议书》。"

② 参见《安徽省宣城市农村集体经营性资产流转交易规则（试行）》第12条、《江西省南昌市农村集体产权交易规则（试行）》第11条。

③ 参见《广东省广州市农村集体资产交易管理办法》第13条。

④ 《江西省南昌市农村集体产权交易规则（试行）》第13条明确规定："凡对农村集体产权挂牌项目有受让意向者，应在挂牌期间按规定向农村综合产权交易中心递交受让申请及相关材料：（一）受让申请书；（二）受让方的资格证明文件或有效证件（照）；（三）受让方的资信证明；（四）需要提交的其他材料。"

金。①在交易完成或非因其原因终止的情况下，农村集体产权交易平台应当向其退还保证金。如果因其原因导致交易无法完成的，农村集体产权交易平台将不予返还保证金。农村集体产权交易平台在对申请人的材料进行审核后，应当在特定时间内将相关的交易信息予以公布。在交易信息公布后，农村集体产权交易申请人不得要求农村集体产权交易平台更改信息或撤回交易信息，确有更改或撤回理由的，应当于信息公告结束前5日向农村集体产权交易平台提出书面申请并说明理由。农村集体产权交易平台认为更改或撤回交易信息理由成立的，应当对该交易信息进行更改或撤回。更改交易信息的，交易信息公告期限应当重新计算。②交易申请人申请更改或撤回交易信息给交易相对人以及农村集体产权交易平台造成损失的，应当予以赔偿。

相关信息审核通过后，农村集体产权交易平台会组织双方进行交易相关事项的协商并签订交易协议。双方签订农村集体产权交易协议且履行完毕后，农村集体产权交易平台应当为交易双方出具农村集体产权交易鉴证。这一鉴证应当具有推定农村集体产权交易具有正当性、合法性的效力，除非作为相对方的交易主体提出合法有效证据证明农村集体产权交易不具有正当性、合法性。农村集体产权交易平台向交易当事人出具交易鉴证后，应当将交易合同、交易当事人的身份信息等材料整理形成交易卷宗并以档案的形式予以保存，形成交易记录档案。③交易记录档案的形式除纸质档案外，还应当形成电子档案以便于查询。至此，农村集体产权交易完成。如图3-1所示。农村集体产权交易当事人、利害关系人、依法履行职责的公权力机关可以向

---

① 参见《广东省广州市农村集体资产交易管理办法》第19条。

② 《陕西省农村产权流转交易管理办法》第12条规定，出让方不得在信息发布期间擅自变更或取消所发布的信息。如特殊原因确需变更或取消的，出让方必须在公告时间截止前3个工作日将变更或取消内容报农村产权流转交易机构，经审核后在原发布网站进行公告并通知已报名人，并重新计算公告期。

③ 内蒙古自治区人民政府办公厅发布的《关于农村牧区产权流转交易市场建设的实施意见》明确提出，产权交易完成后，市场应将交易过程中形成的所有具有保存价值的文字、图表、声像、电子数据等形式的原始材料，按照有关档案法规、标准进行收集、整理、归档，集中统一保管。

农村集体产权交易平台申请查询农村集体产权交易信息。申请主体或申请理由不符合要求的，农村集体产权交易平台应当及时告知申请人不予以提供相应的查询信息并说明理由。信息查询申请人认为农村集体产权交易平台不予以信息查询的理由不成立的，可以向农村集体产权交易平台所在地的农业经济主管部门提出申诉。此外，农村集体产权交易鉴证具有一定的公示和证明效力。农村集体产权交易当事人可以以农村集体产权交易鉴证为依据申请办理农村集体产权变更登记手续。例如，《浙江省杭州市关于规范农村产权交易管理的若干意见》规定，农村产权转让方与受让方达成转让意向后，签订农村产权交易合同，杭州农交所审核、登记后出具《农村产权交易凭证》，有关部门根据杭州农交所出具的《农村产权交易凭证》办理权属变更登记手续；《江西省南昌市农村集体产权交易规则（试行）》第17条明确规定："南昌市农村综合产权交易中心统一出具《南昌市农村综合产权交易鉴证书》。涉及权属变更的，交易双方凭《南昌市农村综合产权交易鉴证书》及相关证明材料，到相关部门办理变更手续。"

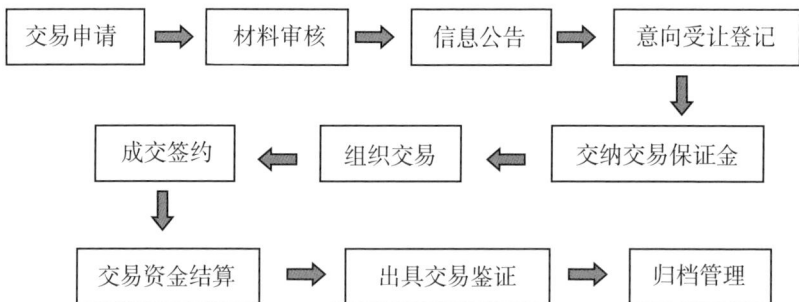

图3-1　农村集体产权平台交易程序

（三）农村集体产权交易平台的市场服务功能

农村集体产权交易平台不但是农村集体产权交易的场所，而且应当承载为农村集体产权交易主体提供相应交易服务的职能。农村集体产权交易当事人可以自主选择农村集体产权交易平台提供的各种交易服务。例如，农村集体产权交易咨询、农村集体产权市场交易价值评估、办理农村集体产权抵押贷款等。实践中，我国多数地区的农村集体产权交易平台的市场服务功能还在不断完善之中。农村集体产权交易平台市场服务职能的完善有两种模式可以选择：其一，农村集体产权交易平台雇用相应的技术服务人员，组建市场服务部门，为农村集体产权交易主体提供相应的市场服务；其二，农村集体产权交易平台以与商业化的市场服务机构合作的方式为农村集体产权交易主体提供相应的市场服务。

各地农村集体产权交易平台在完善平台服务职能的过程中，面临的主要问题是服务职能的专业化水平较低。农村集体产权交易平台在缺乏相应的资金、技术支持的情况下很难单独建立完整的交易服务体系。例如，农村集体产权价值的评估就需要服务者具备资产评估专业知识。

农村集体产权交易平台的性质为非营利法人，政府部门作为出资人并不意味着商业化的市场服务机构不能参与到农村集体产权交易平台的运营之中。因此，解决这一现实问题的有效办法是农村集体产权交易平台通过引进商业性市场服务机构，由其为市场主体提供相应的服务。例如，广西壮族自治区田东县农村集体产权交易平台引进有资质的专业资产评估机构进驻，为农村集体产权交易主体提供资产评估服务。[①]但是，无论是农村集体产权交易平台的市场服务部门还是农村集体产权交易平台引进的商业性市场服务主体，在为农村集体产权交易主体提供市场服务过程中，都应当尽职履行服务的职能。

三、农村集体产权交易平台的体系结构

农村集体产权交易平台内部形成体系化的结构是法律赋予其法人资格的基础（《民法典》第58条），亦是其内部实现有效管理、对外开展业务、

---

① 参见蓝新天：《建立全区农村产权流转交易市场体系探析》，《当代广西》2017年第1期。

发挥其法人职能的必要条件。因此，农村集体产权交易平台制度的建构必然需要明确其内部的组织结构及其相互关系。同时，我国农村集体产权数量众多、分布广泛，随着农村集体产权流转市场的逐渐繁荣和活跃，各地建立农村集体产权交易平台的需求不断增加。最大限度地发挥农村集体产权交易平台的辐射效应，保障农村集体产权交易的快捷、便利，降低农村集体产权交易成本，需要农村集体产权交易平台具备能够承载相应职能的外部体系结构，这一体系结构亦应得到法律的确认。

（一）农村集体产权交易平台的内部体系结构

农村集体产权交易平台内部体系结构应当包括权力机构、管理机构以及管理机构下属的各个职能部门。三者形成一个有机化的整体，进而有效支撑农村集体产权交易平台的运行（如图3-2所示）。

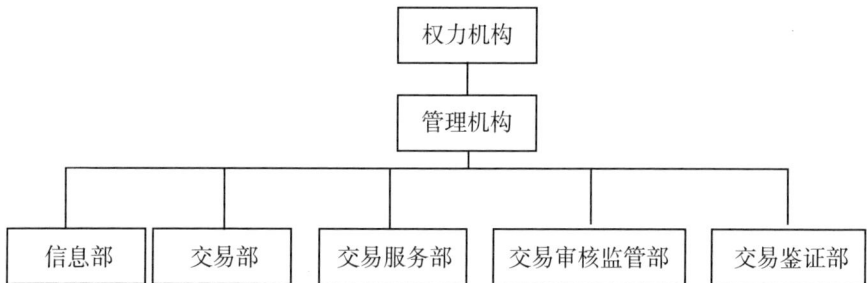

图3-2　农村集体产权交易平台内部体系结构

作为出资人的政府部门应当选派特定人员组成农村集体产权交易平台的权力机构，其具有制定、修改章程，对农村集体产权交易平台经营、运行等重大事项做出决定，组建并监督管理机构，确定法定代表人、经理以及管理机构下属的各个职能部门的负责人的职能。权力机构是农村集体产权交易平台的决策机构，其对于管理机构行使监督权力。除上述职能外，农村集体产权交易平台的章程可以对权力机构的职能予以扩大或缩减。

农村集体产权交易平台的管理机构应当由农村集体产权交易平台权力机构聘任的管理人员组成，其应当执行权力机构做出的决议，负责农村集体产权交易平台的经营、管理事项。管理机构由经理负责，其主要职能为执行权力机构做出的相关决议、负责农村集体产权交易平台的经营管理工作、组建农村集体产权交易平台管理机构的各个职能部门、确定管理机构下属各个职能部门负责人的人选及选任方案。除上述职能外，农村集体产权交易平台的章程可以对管理机构的职能予以扩大或缩减。

农村集体产权交易平台的管理机构需要依据农村集体产权交易平台的功能设置相应的管理部门，具体包括：信息部、交易部、交易服务部、交易审核监管部以及交易鉴证部。管理机构下属的各个职能部门应当执行管理机构做出的有关农村集体产权交易平台经营、管理的决议，履行具体职能。信息部主要负责农村集体产权交易信息的收集、整理以及对外发布；交易部负责农村集体产权交易材料的审核、组织农村集体产权交易；交易服务部负责为农村集体产权交易当事人提供产权价值评估、交易咨询等市场服务；交易审核监管部主要负责对农村集体产权交易的正当性、合法性予以监管；交易鉴证部主要负责为完成农村集体产权交易的当事人出具交易鉴证。除上述管理部门外，农村集体产权交易平台还可以根据所在地区农村集体产权交易的实际以及自身建设需要增加或减少相应部门的设置。例如，农村集体产权交易平台可以设置市场服务部门作为其内部的管理部门，亦可以不设置市场服务部门而是通过引进商业性的市场服务机构的方式满足农村集体产权交易主体对市场服务的需求。

（二）农村集体产权交易平台外部体系结构

截至2020年，我国10余个省建立了农村集体产权交易市场，有1239个县（市、区）、18731个乡镇建立农村土地经营权流转服务中心。可以说，农村集体产权交易平台在我国农村地区已经具有一定覆盖，但是尚未达到广泛覆盖的目标。①实践中，为了克服农村集体产权交易平台覆盖地域不够广泛

---

① 参见冯兴元：《农村产权交易平台现状、问题及其改革进路》，《社会科学战线》2020年第10期。

的现实问题，例如，安徽省虽然建立相应的农村产权交易平台，但是具有明显的区域限制，且交易量仅占农村集体产权交易总量的20%左右。①我国农村集体产权交易平台体系以行政区域为标准，主要形成纵向的三级模式和四级模式。三级模式是指在县、市一级成立具有法人主体资格的农村集体产权交易平台，该农村产权交易平台在乡、镇（区）一级设立农村集体产权交易所（分支机构），在村一级设立工作小组（次级分支机构）。例如，山东省济宁市汶上县成立农村综合产权流转交易中心，各镇街设立农村综合产权流转分中心，村级成立农村产权交易服务站；浙江省余姚市建立农村产权交易中心，在各乡镇（街道）和行政村建立农村集体产权交易分中心和土地流转服务站。②抑或为市县乡三级结构。例如，《江西省人民政府办公厅关于引导农村综合产权交易市场健康发展的实施意见》明确提出，以县级交易平台为基础，以市级交易平台为龙头，建立市、县、乡三级统一、规范联动的功能全面的农村综合产权交易市场体系。村一级工作小组主要承载收集农村集体产权交易信息收集、联系农村集体产权交易当事人以及宣传职能，不承担信息发布、组织交易、交易鉴证、交易监管职能。例如，山东省济南市农村集体产权交易平台在村一级的分支机构以设立联络员为表现形式，承担信息采集、现场勘察、联系农户等职能。③乡、镇（区）一级农村集体产权交易所以及市、县一级的农村集体产权交易平台承载信息发布、组织交易以及交易监管职能。以一定价值为标准，价值较高的农村集体产权在市、县一级农村集体产权交易平台进行交易，价值较低的农村集体产权在乡、镇（区）一级

---

① 参见姜健、张德化：《安徽省农村产权交易所发展对策研究》，《安徽科技学院学报》2017年第1期。

② 参见刘艳丽：《关于加强农村产权流转交易市场发展的调查与思考》，载《农民致富之友》2019年第12期，第237页；参见农贵新、韦风涛、宋宇宇、陈浩、王萌萌：《加快构建宁波农村产权流转交易市场研究》，《宁波经济》2015年第8期。

③ 参见赵领军、高兴萍、秦志华、刘爱民、苏静：《农村产权交易信息化服务研究初探——以济南市农村产权交易信息管理平台为例》，《农业网络信息》2018年第6期。

的农村集体产权交易所进行交易。四级模式是指在省一级设立具有法人资格的农村集体产权交易平台，在市、县一级设立分支机构，在乡、镇（区）一级设立次级分支机构，在村一级设立工作小组（复次一级的分支机构）。例如，河北省供销合作社系统全力打造省、市、县、乡、村各级为农服务综合平台，其中包括农村集体产权交易平台。[①]村一级工作小组主要承载收集农村集体产权交易信息、联系农村集体产权交易当事人以及宣传职能，不承担信息发布、组织交易、交易鉴证以及交易监管职能；乡、镇以及市、县一级的农村集体产权交易所承载信息发布、组织交易、交易鉴证以及交易监管职能。省一级的农村产权交易平台承载信息发布、组织交易、交易鉴证以及交易监督管理职能。以一定价值为标准，价值较高的农村集体产权在省一级农村集体产权交易平台进行交易，价值较低的农村集体产权在市、县以及乡、镇一级的农村集体产权交易所进行交易。实践中，浙江省温岭市镇（街道）一级设立农村产权交易服务中心，承担市级交易所授权的交易服务（目前暂定授权额度为200亩以下的农村土地承包经营权流转交易及合同标的额50万元以下的各类资源的租赁、承包、流转等农村产权交易项目）。[②]

以具有法人资格的农村集体产权交易平台为中心，下设各级分支机构的体系化结构具有辐射性强、覆盖范围广的优势，这一实践经验应当为立法所确认。未来有关农村集体产权交易平台的立法，应当明确具备非营利法人资格的农村集体产权交易平台应当设立相应的分支机构以及次级分支机构。省一级设立具备非营利法人资格的农村集体产权交易平台的，其应当在市、县一级设立分支机构，在乡、镇（区）一级设立次级分支机构，在村一级设立复次级分支机构。市、县一级设立具备非营利法人的农村集体产权交易平台

---

① 参见《今年全省供销合作社系统将打造五级为农服务综合平台实现农村产权交易额1000亿元新建农村综合服务中心（社）1777家，行政村覆盖率达到70%》，https://baijiahao.baidu.com/s?id=1694694659514004907&wfr=spider&for=pc，2021-3-31.

② 参见李律、阮天一、朱伟军：《温岭农村产权交易体系建设的思考》，《环球市场信息导报》2017年第32期。

的，其应当在乡镇一级设立分支机构，在村一级设立次级分支机构。分支机构的主要职能为信息发布、组织交易以及交易监督管理职能，次级分支机构的主要职能为交易信息收集。

农村集体产权交易平台具有法人资格，其各级分支机构不具有独立的法人资格，仅是农村集体产权交易平台的外部延伸。各级分支机构以农村集体产权交易平台的名义对外开展业务，农村集体产权交易平台对其履行相应职能的行为承担法律责任。农村集体产权交易平台的外部体系结构表现为以交易平台为中心点，以各级分支机构为支点的纵向网体系。在这一体系中，农村集体产权交易平台处于支配地位，下级分支机构服从上级分支机构的管理，各级分支机构应当服从农村集体产权交易平台的管理。这一结构特征意味着农村集体产权交易平台外部结构体系具有统一性，农村集体产权交易平台对于各级分支机构具有统摄作用。分支机构在网络交易平台建设、交易信息发布、交易规则的适用、交易鉴证以及交易监管方面应当与农村集体产权交易平台保持一致，即"五统一"原则。[1]

首先，统一交易网络平台。统一交易网络平台是指农村集体产权交易平台指定交易网站，各级分支机构应当使用相同的交易网站，不得擅自另行设立交易网站。随着网络技术的快速发展，农村集体产权交易平台信息化改革的步伐不断加快。农村集体产权交易平台的信息化建设有助于实现农村集体产权信息收集、发布、查询的便捷化。交易当事人通过网站可以查询农村集体产权相关信息、政策以及交易价格，还可以通过网站进行资料下载等与交易相关的活动。[2]交易网站的统一能够有效促进农村集体产权交易，降低交易成本，促进农村集体产权在特定区域的无障碍流通，防止农村集体产权交

---

① 实践中，江苏省扬州市在各级农村集体产权交易平台建设方面实行统一信息发布、统一交易规则、统一鉴证程序、统一交易监管、统一交易软件。参见吴兆明、周爱军、刘乃祥：《搭建产权交易平台 优化农村资源配置——扬州全面构建市县镇三级农村产权交易市场体系》，《江苏农村经济》2015年第1期。

② 参见孙月敏：《产权交易类型和农村产权交易所价值分析》，《农技服务》2015年第7期。

易壁垒的出现。

其次，统一信息发布。统一信息发布是指农村集体产权信息应当由农村集体产权交易平台统一发布，交易平台的各级分支机构发布交易信息应当经过平台的授权，其不得未经许可擅自发布农村集体产权信息。统一发布信息原则的确立意味着农村集体产权交易信息需要形成层级流动机制。村一级工作小组将收集的农村集体产权交易信息及时汇总上报，乡、镇（区）一级的农村集体产权交易所将其收集的信息以及村工作小组收集的信息汇总整理后及时上报县一级农村集体产权交易平台，市一级农村产权交易平台的分支机构应当将自身收集的信息与各级分支机构上报的信息汇总并上报给省级农村集体产权交易平台。省一级农村集体产权交易平台对上报的信息进行审核、备案后授权上报信息的各个分支机构在统一设立的网站上发布相应的信息。没有设立省级农村集体产权交易平台的地区，市、县一级农村集体产权交易平台负责对上报的信息进行审核、备案，授权上报信息的各级分支机构发布信息。农村集体产权交易平台对于发布的交易信息的真实性负责。如果农村集体产权交易平台故意发布虚假交易信息或者对于发布虚假信息存在过失，给他人造成损害的，应当承担相应的损害赔偿责任。

再次，统一交易规则。农村集体产权交易平台参照法律、行政法规以及地方性法规的规定，可以依据实际情况制定相应的交易实施细则。农村集体产权交易平台的各级分支机构应当严格遵守该交易实施细则，不得违反或改变该交易实施细则。农村集体产权交易平台不得将交易实施细则的制定权授权给分支机构。

复次，统一交易鉴证。农村集体产权交易平台在交易当事人完成交易后，应当向其出具交易鉴证。在实践中，农村集体产权人以农村集体产权作为抵押物向银行部门贷款时，银行往往要求双方履行相应的农村集体产权交易手续，取得农村集体产权交易平台的交易鉴证。可以说，取得交易鉴证已经成为农村集体产权抵押贷款的必要条件①，交易鉴证被赋予一定公信力。为了保证农村集体产权的交易鉴证的真实性、权威性，农村集体产权交易鉴证应当由农村集体产权交易平台统一出具。该交易鉴证应当具有统一制式，其内容主要包括交易当事人、交易对象、交易价格、交易时间、交易合同的履行、交易完成情况。农村集体产权的分支机构（市、县一级分支机构以及乡、镇、区一级的分支机构）应当将需要办理交易鉴证的农村集体产权交易材料（主要包括交易当事人信息、交易合同等）移交农村集体产权交易平台予以审核、备案。农村集体产权交易平台审核、备案后，授权其向交易当事人出具交易鉴证。

最后，统一监督管理。农村集体产权交易平台对于各个分支机构进行的农村集体产权交易进行统一监督管理。②农村集体产权交易平台的统一监督管理权是以授权各个分支机构对其组织进行的农村集体产权交易进行监管的方式实现的。各个分支机构在农村集体产权交易平台授权范围内行使监督管理权力，履行交易监督管理职能。各个分支机构在组织农村集体产权交易过程中发现农村集体产权交易存在违反法律、行政法规强制性规定的，应当中止交易活动，向农村集体产权交易平台进行汇报并提供相应的证明材料。农村集体产权交易平台依据行为违法性的严重程度做出是否继续进行交易的决定，组织该交易的农村集体产权交易平台的分支机构应当执行该决定。

---

① 实践中，河北省唐山市开展了"农权贷"业务，凭借农村集体产权交易中心出具的交易鉴证书到银行办理贷款。这一做法肯定了农村集体产权交易鉴证具有一定的公信力。参见于璐娜：《河北省农村产权交易中心 建设全省为农服务的农村产权流转交易服务体系》，《中国合作经济》2019年Z1期。

② 实践中，广西形成了独具特色的农村集体产权市场体系建设"1+N"模式。"1"即一个主体，自治区内设立农村集体产权交易市场监督管理的统一端口。"N"即县（市、区）农村产权流转交易服务中心。参见饶恒：《产权交易平台的转型新路》，《国资报告》2019年第6期。

第四章

农村集体产权交易主体及对象

农村集体产权交易主体规则的确立是农村集体产权交易制度建构的核心，是农村集体产权交易制度的主要支撑。一方面，农村集体产权具有一定公共性，权利主体对这一权利的处分应当充分考虑该处分行为对于本组织以及组成员的影响，[①]其做出交易决定需要遵循特定规则，其为农村集体产权交易设定了组织外部规范标准；另一方面，农村集体产权主体具有团体性，由此决定农村集体产权的交易亦应当纳入组织决议范畴，而农村集体产权主体内部决议需要遵循一定的规则。由于农村集体产权交易涉及众多农村集体成员的切身利益，为了防止农村集体产权主体在农村集体产权交易过程中侵犯集体成员合法权益，法律对于这一组织内部的决议行为具有干预的必要。这一规则为农村集体产权交易设定了内部规范标准。

　　依据中央的政策精神，我国农村集体产权主要分为农村资源性资产、农村经营性资产与农村非经营性资产。三类集体资产的区分标准亦可视为农村集体产权类型的划分标准。[②]农村集体资源性资产以农村土地为主要对象，在法律制度层面，以土地为权利客体的权利主要为不动产权利，其在交易过程中除了要遵循既有法律规定的交易规则外，还应当遵循相应的规则。这一规则即包含了农村集体产权交易设定了组织外部规范标准的规则以及为农村集体产权交易设定了内部规范标准的规则。

[①] 农村集体经济是否有效实现是以集体经济对本集体成员的利益满足的效果为评价的。农村集体经济有效实现追求的价值目标在于本集体成员利益的实现。农村集体产权交易是农村集体经济实现其自身价值的方式，亦应当遵循这一价值目标。参见韩松：《农村集体经济法律制度的价值目标和功能定位》，《西北农林科技大学学报（社会科学版）》，2014年第3期。

[②] 参见宋洪远、高强：《农村集体产权制度改革轨迹及其困境摆脱》，《改革》2015年第2期。

一、农村集体产权交易主体

（一）农村集体产权交易主体的认定

农村集体产权的交易主体应当为农村集体产权人。原因在于只有集体产权的权利人才能享有对该权利的处分权。农村集体产权的权利人的确认成为不可回避的问题。

农村集体产权归属的明晰，应当以明确农村集体产权的权利主体为核心。明确农村集体产权归属的关键在于所有制与所有权含义的进一步区分。这一问题演变为如何理解农民集体与集体经济组织关系的问题。目前，学术界对于集体与集体经济组织的关系形成了两种不同学说：一种观点认为从集体土地所有归属的角度来看，集体所有即为集体经济组织所有；①另一种观点认为，集体土地仍然归属于集体所有，集体经济组织只是行使该权利的主体。②

事实上，从我国集体经济产生发展的历史来看，所有制是政治经济学的概念，是社会生产资料总体归属于哪一类人群、阶级的描述。而所有权是法律层面的概念，是指特定物由哪一主体享有占有、使用、收益、处分的支配权。所有制决定所有权，所有权是所有制在法律层面的反映。有什么样的所有制就有什么样的所有权，但是所有制不能等同于所有权。③集体所有事

---

① 参见屈茂辉：《农村集体经济组织法人制度研究》，《政法论坛》2018年第2期；林广会：《农村集体产权制度改革背景下集体所有权主体制度的机遇与展望》，《求是学刊》2020年第3期；姜楠：《集体土地所有权主体明晰化的法实现》，《求是学刊》2020年第3期；宋志红：《论农民集体与农村集体经济组织的关系》，《中国法学》2021年第3期。

② 参见王洪平：《农民集体与集体经济组织的法律地位和主体性关系》，《法学论坛》2021年第5期；韩松：《论农民集体所有权的成员集体所有与集体经济组织行使》，《法商研究》2021年第5期。

③ 参见何召鹏：《唯物史观视角下马克思所有制理论的科学内涵及其当代价值研究——兼评"取消所有制分类"等错误观点》，《政治经济学评论》2019年第4期。

实上是集体所有制法律上的表述，而并非指农村集体产权的法律意义上的权利主体为集体。集体所有权的主体必须为法律认可的、具有明确法律地位的主体。

依据《民法典》第261条，集体所有的不动产和动产属于集体成员集体所有。从上述法律规定的内容来看，集体成员集体是农村集体产权的权利主体。集体成员集体作为农村集体产权的权利主体是法律确认了农村集体产权的所有制属性，集体成员集体是集体产权的所有制主体，但是囿于农民集体并不具有独立的法律人格，其权利的行使必须由特定的机关代表其行使。《民法典》赋予了农村集体经济组织以民事主体资格（《民法典》第99条）。在法律制度层面，农村集体经济组织被视为集体所有权的代行主体，即农村集体产权的所有权行使主体，其对农村集体产权享有相对独立的经营和管理权。因此，农村集体经济组织应当成为农村集体产权的交易主体。

从我国既有的法律规定来看，集体经济组织是法律认可的、具有明确法律地位的农村集体组织，其具有一定的公共职能且具有社区性，符合集体所有制的基本特征，因而可以作为法定的集体所有的不动产和动产的所有权主体。因此，将集体经济组织确认为农村集体产权的交易主体具有一定的正当性。此外，农村集体经济组织作为农村集体产权交易主体已经得到实践认可。[1]但是鉴于所有制与所有权两者之间的决定与被决定的关系，集体经济组织在集体产权交易过程中，应当征得农民集体的同意，即履行农民集体表决程序。

实践中，自人民公社解体以来，人民公社时期的"三级所有、队为基础"的农村集体产权结构演化为乡镇集体经济组织、村集体经济组织或村委会、村民小组（村内集体经济组织）的新型三级结构。[2]我国农村地区逐步

---

[1] 《河北省农村产权流转交易管理办法》第4条规定，农村集体经济组织（村民委员会）依法对农村集体资产进行管理，参与农村产权流转交易。

[2] 以土地为例，目前农村土地的所有权主体仍然为三级。参见高飞：《集体土地所有权主体制度研究》，法律出版社2012年版，第66页。

确立了三级农村集体经济组织模式，即在乡镇一级建立乡镇集体经济组织、在村一级建立村集体经济组织，在村内建立村内集体经济组织。但是，囿于我国农村地区经济状况的差异较大，加之中央政策没有强制农村地区必须建立集体经济组织，因此各个地区农村集体经济组织建立的实际状况差异性较大。有的农村地区仅仅建立了村一级集体经济组织，有的农村地区仅仅建立了村内集体经济组织，还有的农村地区仅仅建立了乡镇集体经济组织，甚至有的农村地区根本没有建立集体经济组织。已经建立的集体经济组织，在组织结构、成员资格认定等方面缺乏明确的规则指引。这一现实状况为农村集体经济组织成为农村集体产权的交易主体制造了一定的障碍。因此，农村集体产权交易规则的制定应当有针对性地解决这一现实问题。集体经济组织成为农村集体产权的主体应当具备两项条件：一是集体经济组织须为在农村地区必须建立的集体组织，实现其与村委会、村民自治组织的有效分离；二是以立法的形式明确集体经济组织的功能、成员资格的认定标准以及组织结构，实现集体经济组织的法定化。在此基础之上，集体经济组织才能真正成为农村集体产权的归属主体。[①]

对于农村集体产权的受让方，农村集体产权交易主体制度应当明确，除法律、行政法规以及中央政策做出禁止其参与农村集体产权交易规定外，所有的民事主体均可以参与农村集体产权的交易，作为农村集体产权的受让方。明确这一规则内容的目的在于鼓励更多的民事主体参与农村集体产权交易，促进农村集体产权的流转，以市场化的方式实现农村集体产权的优化配置。

（二）农村集体产权出让主体明晰化的具体规则

农村集体经济组织是以农村地区行政管理区域为标准而设立，乡镇集体经济组织包含村集体经济组织，村集体经济组织包含村内集体经济组织。由

---

① 参见姜楠《集体土地所有权主体明晰化的法实现》，《求是学刊》2020第3期。

于各级集体经济组织存在一定的包含与被包含关系，各级经济组织享有的农村集体产权存在权属重叠的问题。[①]即村内集体经济组织的农村集体产权，亦属于村集体经济组织、乡镇集体经济组织的农村集体产权。多重权利主体的状态致使农村集体产权权属模糊，进而阻碍农村集体产权交易的进行，降低交易效率。由此，农村集体产权出让主体的确定应当遵循以下规则。

首先，设立相应集体经济组织的农村地区，农村集体经济组织为农村集体产权的出让主体。即乡镇一级的农村集体经济组织为乡镇农村集体产权的出让主体；村一级的农村集体经济组织为村农村集体产权的出让主体；村内集体经济组织为村内农村集体产权的出让主体。

其次，没有设立相应集体经济组织的农村地区，应当依据实际情况确立农村集体产权的出让主体。乡镇没有设立集体经济组织的，乡镇农民集体可以委托乡镇政府为农村集体产权的出让主体，亦可以委托本乡镇内设立的相应农业专业合作社或农业公司等从事农业生产活动且具有法人资格的民事主体作为农村集体产权的出让主体；村一级没有设立集体经济组织的农村地区，村农民集体可以委托村委会作为村农村集体产权的出让主体（《民法典》第101条），亦可以委托本村内设立的相应农业专业合作社或农业公司等从事农业生产活动且具有法人资格的民事主体作为农村集体产权的交易主体。如果乡镇没有设立相应的集体经济组织的，村农民集体可以委托乡镇政府作为村农村集体产权的出让主体。值得注意的是，依据《民法典》第262条，农村集体产权分属于村内两个以上农民集体所有的，由村内各个集体经济组织或者村民小组依法代表集体行使所有权。村内设立集体经济组织的，村内农村集体经济组织应当成为村内农村集体产权的出让主体。如果村内没有设立村内集体经济组织的，依照上述规定，各个村民小组应当成为村内农村集体产权的出让主体，但是依照《民法典》的规定，村民小组不具有法人主体资格，无法成为村内农村集体产权的出让主体。此时，村民小组可以委

---

① 参见刘晴、王冬艳、叶鑫、李茗薇：《明确产权主体为前提的农村集体土地所有权确权发证研究——以吉林省农安县为例》，《农村经济》2013年第4期。

托上一级集体经济组织——村集体经济组织作为村内农村集体产权的出让主体，亦可以委托在本村民小组内设立的农业专业合作社或农业公司等从事农业生产活动且具有法人资格的民事主体作为农村集体产权的出让主体。没有上述主体的情况下，其可以委托村委会作为村内农村集体产权的出让主体。村内没有设立集体经济组织或村民小组的，村内集体可以委托上一级集体经济组织——村集体经济组织作为村内农村集体产权的出让主体，亦可以委托在本村民小组内设立的农业专业合作社或农业公司等从事农业生产活动且具有法人资格的民事主体作为农村集体产权的交易主体。没有上述主体的情况下，其可以委托村委会作为村内农村集体产权的出让主体。

农村集体产权交易主体制度应当通过设置争议性农村产权出让方确认程序性规则解决这一现实问题：其一，争议性农村集体产权出让方确认程序的启动。在争议性农村集体产权作为交易对象时，农村集体产权交易的利害关系人（主要为对农村集体产权享有权利的其他集体经济组织），可以申请启动这一程序。这一申请必须在农村集体产权交易完成前提出；其二，争议性农村集体产权出让主体的确认以及争议的裁决、诉讼。利害关系人要求确认争议性农村产权的出让主体，其应当与农村集体产权的拟出让主体进行协商，协商不成由双方共同的上一级集体经济组织决定争议性农村集体产权的归属。双方没有共同的上一级集体经济组织的，由双方共同的上一级人民政府予以裁决。经确认或裁决，争议性农村产权拟出让方应当为交易的出让方的，农村集体产权交易继续进行。利害关系人由此给农村集体产权交易双方造成损失的，应当承担损害赔偿责任。利害关系人对裁决结果不服的，可以提起民事诉讼。如果争议性农村产权的出让方应当为利害关系人（其他集体经济组织），拟交易出让方应当及时通知交易相对人。此时，交易相对人具有选择权，即与确认或裁决的新的农村集体产权的出让方继续进行交易或者选择终止交易。交易相对人无论做出何种选择，均有权请求交易主体承担缔约过失责任。利害关系人或者农村集体产权的拟出让方对确认或裁决结果不服的，可以提起民事诉讼。

二、农村集体产权交易的对象

农村集体产权没有明确的法律界定，农村集体产权交易便无法有效地开展。[1]依据产权交易的经济学原理，交易成本是决定产权交易能否发生的重要因素。交易成本低能够有效促进产权交易的形成，而较高的交易成本则会阻碍产权交易的形成。在产权界定以及归属主体明确的情况下，交易对象和交易主体明确，产权受让人能够对交易的效果以及风险控制形成合理的预期，产权受让人在交易过程中的成本较低，进而为产权交易的促成创造了有利条件。[2]反之，当产权界定不明确的情况下，产权交易的不确定性因素随之产生，产权受让人需要对交易对象进行必要的调查和确认，进而产生交易信息调查成本；由于产权界定不明确，交易双方可能产生纠纷进而导致交易失败，产权受让人因此无法收回前期投入，进而产生前期投入成本。此外，由于产权界定不明确导致交易失败，产权受让人还需付出因交易失败而产生的机会成本。产权的交易成本陡然增加。因此，在产权界定及其归属不明确的情况下，产权受让人基于降低交易成本、规避风险的理性选择，不会参与以此类产权为对象的交易。而界定不明确恰恰是我国农村集体产权存在的现实问题。

（一）农村集体产权交易对象的法律解读

建立行之有效的农村集体产权交易制度，需要解决农村集体产权界定不明确的现实问题。

农村集体产权的界定应当以中央政策为指导，与既有的法律制度形成

---

① 参见黄延信、余葵、师高康、王刚、黎阳、胡顺平、王安琪：《对农村集体产权制度改革若干问题的思考》，《农业经济问题》2014年第4期。

② 参见［美］A.爱伦·斯密德：《财产、权力和公共选择——对法和经济学的进一步思考》，黄祖辉、蒋文华、郭红东、宝贡敏，译，上海三联书店、上海人民出版社2006年版，第137页、第168页。

有效的对接，做到于法有据。由于产权是经济学特有的概念，而并非一个标准的法学概念，且对于这一概念的界定存在较大争议。我国既有法律没有对农村集体产权的内涵予以明确界定。但是近些年来，党和国家高度重视农村各项事业的建设和发展，尤其针对农村产权交易、集体产权制度改革出台了多项政策。这些政策内涵涉及了农村集体产权内容，为农村集体产权的界定指明了方向。党的十八届四中全会将依法治国作为基本的治国方略并明确提出，国家的各项建设事业以及制度改革必须实现法治化，做到于法有据。[①]农村集体产权的界定事关集体所有制的巩固和发展，事关广大农村群众的根本利益，其应当纳入法律规制的范畴。这意味着农村集体产权的界定应当实现从政策向现实制度的跨越，使法律制度成为实现农村集体产权界定的有效平台。

依据2014年国务院办公厅印发《关于引导农村产权流转交易市场健康发展的意见》（国办发〔2014〕71号）的规定，可以作为交易对象的农村产权包括农村集体经营性资产。农村集体经营性资产是指由农村集体统一经营管理的经营性资产（不含土地）的所有权或使用权。以上述中央政策的表述为依据，可以进行如下推论：一是集体经营性资产是一种可以交易的农村产权，"资产"与"产权"具有相同含义，产权即是资产，农村集体产权是指农村集体资产；二是参照中央政策对于集体经营性资产的定义，农村集体资产是指由农村集体统一经营管理的资产的所有权或使用权。因此，农村集体产权是指由农村集体统一经营管理的资产的所有权或使用权。

这一概念具有如下属性特征：一是农村集体产权的本质是所有权或使用权；二是农村集体产权是由农村集体基于统一经营管理资产而享有的所有权或使用权。农村集体资产具体包括：一是集体自身所有的流动资产、固定资产、无形资产以及其他资产；二是集体自筹资金兴办的企业及其附属机构、分支机构的资产；三是集体对外投资而形成的资产；四是集体投资但被

---

① 蒋传光：《马克思主义法学理论在当代中国的新发展》，译林出版社2017年版，第253页。

政府、团体等其他主体所占用的资产；五是集体接受捐赠、奖励以及享受减免税收政策而形成的资产；六是政府给予的补贴、扶持、贴息等而形成的资产；七是集体通过投资或是劳动积累形成教育、医疗、卫生等公益性设施；八是其他集体享有的资产。[1]在法律制度层面，资产的所有权或使用权表现为内含各种经济利益的法律权利。这些权利主要包括：所有权、债权、股权以及知识产权。[2]

以所有权为对象的农村集体产权包括：一是以土地、森林、山岭、草原、荒地、滩涂为客体的农村集体所有权。这一所有权的权利客体是不同类型的土地。具体包括：集体耕地所有权、集体建设用地所有权、集体宅基地所有权、集体林地所有权、集体草地所有权、集体山地所有权、集体荒地所有权以及集体滩涂地所有权；二是以建筑物、生产设施以及农田水利为客体的农村集体所有权；三是以教育、科学、文化、卫生、体育等设施为客体的农村集体所有权；四是以集体所有的其他的不动产和动产为客体的所有权。以债权为对象的农村集体产权主要是指集体以借款、出租不动产或动产、为

[1] 参见方志权：《农村集体产权制度改革：实践探索与法律研究》，上海人民出版社2015年版，第34—35页。实践中，各地政策性文件对于集体资产范围予以明确。例如，《北京市房山区农村集体资产管理办法（试行）》第8条明确规定，农村集体资产的范围包括：（一）法律规定属于集体所有的土地、林地、荒地、草地、山场、水面、滩涂等自然资源；（二）农村集体经济组织投资投劳兴建的建筑物、构筑物、农业机械、机电设备、交通工具、通信工具、牲畜、农田水利设施、采矿设施、乡村道路和教育、科技、文化、卫生、体育设施等；（三）农村集体经济组织兴办或者兼并的企业资产，在联营企业、股份合作企业、股份制企业、中外合资、合作企业和集资建设的项目中，按照投资份额拥有的资产及相应的增值资产；（四）国家机关、社会团体、企事业单位、其他组织和个人对农村集体经济组织的无偿拨款、资助、补贴、减免税和捐赠财物等形成的资产；（五）农村集体经济组织所有的现金、存款、有价证券和债权；（六）农村集体经济组织所有的商标权、专利权、著作权等无形资产；（七）农村集体经济组织在境外投资所形成的资产；（八）按规定提取的生产性积累、折旧所形成的资产及其增值资产；（九）农村集体经济组织利用集体资产所获得的承包金、租金、土地补偿费和集体资产产权变更所获得的收入；（十）农村集体经济组织依法所有的其他资产。
[2] 产权的法学含义素有争议，但作为大陆法系国家的中国语境下，经济学意义上的产权等同于法学以上的财产权。具体论述参见王洪平：《农村集体产权制度改革的"物权法底线"》，《苏州大学学报（哲学社会科学版）》2019年第1期。

他人设定用益物权等方式获得的债权以及集体通过租赁、承包等方式获得的以不动产或动产的占有、使用和收益为内容的债权。以股权为对象的农村集体产权主要是指集体向公司、企业等市场主体投资或以集体所有的不动产、动产入股而享有的股权。以知识产权为对象的农村集体产权主要是指以集体作为权利主体的涉农专利、商标、版权、新品种、新技术等类型的知识产权。农村集体产权是农村集体享有的产权，产权主体为农村集体经济组织，而并非农村集体以外的权利主体。在集体土地之上设立的用益物权（农村土地承包经营权、宅基地使用权、集体建设用地使用权）的权利主体并非农村集体经济组织，因而不属于农村集体产权。

值得注意的是，并非所有的农村集体产权都可以作为农村集体产权的交易对象。在明确农村集体产权法律内涵的基础上，农村集体产权交易对象的范围仍需进一步确定。

（二）农村集体产权交易对象的类型化

基于农村产权交易市场化的基本原则，不为中央政策、法律禁止交易的农村集体产权均可以作为交易对象。[①]依据中央政策的相关规定，农村集体产权可以划分为三种类型：一是农村集体经营性资产；二是农村集体公益性资产；三是农村集体资源性资产。在法律制度层面，三种集体资产形成的产权是否具有可交易性尚需进一步甄别。

首先，就集体资源性资产而言，依照中央政策以及既有的法律规定，集体耕地所有权、集体建设用地所有权、集体宅基地所有权、集体林地所有权、集体山地所有权、集体草地所有权、集体荒地所有权以及集体滩涂地所

---

① 浙江省温岭市存在农村产权交易对象单一的情况。为了活跃交易市场，激发农村集体产权交易双方的积极性，农村集体产权交易对象应当保持一定开放性。参见李律、阮天一、朱伟军：《温岭农村产权交易体系建设的思考》，《环球市场信息导报》2017年第32期。《佛山市农村集体资产交易管理办法》第5条规定，权属不清；已经被查封、冻结的农村集体产权；已经抵押或者质押，未经抵押权人或者质押权人同意的农村集体资产不得流转。

有权等具有资源性资产性质的所有权不能作为农村集体产权交易的对象，原因在于上述农村集体产权是我国农村集体所有制确立和发展的根基，是集体所有制的象征和根本标志。各类具有资源性资产性质的所有权一旦作为交易的对象，其所有权主体将发生变化，集体所有制将不复存在。这与中央农村制度改革必须要坚持集体所有制的政策精神相违背。在法律制度层面，集体土地所有权不能作为交易对象，集体土地的流转功能是由以集体土地为客体的用益物权以及以集体土地为客体的租赁债权加以实现的。依据《民法典》《土地管理法》的相关规定，以集体土地为客体的用益物权的主要类型包括：土地承包经营权（包括林地、草原、养殖水面等）、土地经营权、宅基地使用权、集体建设用地使用权（集体公益性建设用地与集体经营性建设用地）。上述类型的用益物权，其权利人均为农村土地所有权人以外的人，因而单纯就权利本身而言，其并非属于农村集体产权。

但是值得注意的是，集体土地所权人为他人设立集体经营性建设用地使用权，其可以依照设立合同约定向权利人收取一定数额的租金，除此以外，农村集体产权人可以通过租赁方式将为集体成员或成员以外的主体设定集体经营性建设用地使用权（《土地管理法》第63条）。[1]此外，农民集体在"四荒地"之上为集体成员或集体成员以外的主体设立土地经营权并获得租金收益，集体在其所有的机动地上为他人设立土地承包经营权或以租赁的方式出租给他人，集体经营性建设用地与"四荒地"可以成为农村集体产权的交易对象，但是集体经营性建设用地与"四荒地"的所有权不能成为集体产权的交易对象。此类农村集体产权的形成以集体土地所有权为基础（集体资源性资产），可以将其称之为农村集体资源性资产派生的可交易性农村集体产权。

其次，就集体经营性资产而言，依照中央政策规定，农村集体经营性资

---

① 《江西省南昌市农村集体产权交易规则（试行）》第5条明确规定，农村集体经济组织机动地、养殖水面等的承包经营权；农村集体经济组织所有的荒山、荒沟、荒丘、荒滩使用权可以作为农村集体产权的交易对象。

产主要包括属于集体所有或集体享有特定权利的用于经营的房屋、建筑物、机器设备、工具器具、农业基础设施、集体投资兴办的企业及其所持有的其他经济组织的资产份额、无形资产等资产。这类资产不包括土地的所有权和使用权。[①]实践中，各个地方依据自身情况对于集体经营性资产亦进行了界定。[②]概括而言，农村集体经营性资产主要包括：一是集体经济组织直接经营的归属于集体的以及农村集体企业发包给其他单位、个人使用的归属于集体的不动产和动产；二是集体经济组织或集体兴办的企业所有的不动产和动产以及上述企业兼并其他企业取得的不动产和动产；三是集体或集体经济组织投资其他企业取得的相应的投资权益（股权、资产使用权）；四是集体或集体经济组织以捐赠、补贴、资助、免税等形式取得的资产；五是依法取得的国有资产以及国有资源的使用权，以及依托这一使用权而取得的相应资产；六是集体或集体经济组织取得的有价证券；七是集体或集体经济组织取得的商标权、著作权、专利权等知识产权；七是集体或集体经济组织取得的能以货币计量的其他资产。由于上述资产不具有公益性且不承载支撑集体所有制的功能，因而均可以作为农村集体产权的交易对象。

再次，就农村集体公益性资产而言，基于农村集体公益性资产而形成的农村集体公益性产权其自身具有公益性的特征，其承载了一定的公共服务职能，为了维护公共利益，其不能作为交易对象。但是为了防止农村集体公益性产权的完全固化，农村集体经营性产权与农村集体公益性产权之间在符合相关条件以及一定程序要求的情况下可以相互转化，即农村集体经营性产权可以转化为农村集体公益性产权，农村集体公益性产权亦可以转化为农村集体经营性产权。例如，集体建设用地主要分为两种类型，一类是集体经营性

[①]　例如，《江西省南昌市农村集体产权交易规则（试行）》第5条规定，农村集体经营性资产是指由农村集体经济组织统一经营管理的经营性资产（不含土地）的所有权和使用权。

[②]　例如，《安徽省宣城市农村集体经营性资产流转交易规则（试行）》第3条对集体经营性资产进行了界定。依据这一规定，集体经营性资产满足下列条件：一是农村集体统一经营管理的经营性资产；二是不包括土地的所有权和使用权；三是归属于集体所有。

建设用地，一类是集体公益性建设用地。集体公益性建设用地在满足一定的法定条件和程序后可以转化为集体经营性建设用地。[1]集体可以将该建设用地以出让方式为他人设定集体建设用地使用权并获得资产性收益。农村集体公益性产权就此转化为农村集体经营性产权。当农村集体公益性产权转化为农村集体经营性产权后，其可以作为农村集体产权的交易对象。

由于集体公益性资产是指用于公共服务的教育、科技、文化、卫生、体育等方面的非经营性资产。鉴于这类资产承载着公共服务的职能，法律应当明确农村集体公益性资产转化为农村经营性资产的法定条件。其一，农村公益性资产转化为农村经营性资产应当经过农民集体决议。农村公益性资产转化为农村经营性资产应当由农村集体经济组织的权力机关做出决定。集体经济组织的农村集体经济组织的管理机关对于农村公益性资产转化为经营性资产制订具体的计划和方案，农村集体经济组织的权力机关对于该计划和方案进行审查，如果该计划和方案审查通过后，农村集体经济组织权力机关召集农民集体成员大会或农民集体成员代表大会进行表决。占农民集体成员大会或农民集体成员代表大会二分之一以上农民集体成员大会或农民集体成员代表大会出席会议方可表决。经出席会议的三分之二以上农民集体成员大会或农民集体成员代表表决通过方可实施。农村集体经济组织的管理机构负责执行这一方案。其二，农村公益性资产转化为农村经营性资产应当满足法律规定的相关要求。例如，承载着公益职能的集体建设土地转化为集体经营性建设用地需要行政机关的审批，如果涉及集体土地用途变更的情况，集体经济组织还应当履行变更土地用途的审批手续。此外，在集体公益性建设用地转变为集体经营性建设用地后，集体经济组织应当履行相应的变更登记手续。其三，农村公益性资产转化为农村经营性资产应当受到一定限制。由于农村公益性资产承载着为农村集体成员提供公共设施的公益性职能，为了保持农村公益性资产的稳定，防止农村集体经济组织在利益的驱使下随意将农村公

---

[1] 参见姜楠：《农村集体建设用地改革的法制路径》，《人民论坛》2020年第15期。

益性资产转化为农村经营性资产，损害集体成员的合法权益，农村公益性资产转化为农村经营性资产应当受到一定限制。这一限制条件为农村集体经济组织应当优先利用闲置的集体资产。农村集体经济组织内部存在闲置资产的情况下，其不得申请将农村公益性资产转化为农村经营性资产。例如，集体经济组织应当优先利用集体所有的闲置土地（集体成员自愿交还的宅基地、承包地等），农村集体经济组织应当优先利用闲置的集体土地，不得将集体公益性建设用地转化为集体经营性建设用地。

综上所述，并非所有的农村集体产权都可以作为交易对象，农村资源性资产一般不具备可交易性，只有在特定的情况下可以作为交易对象；农村经营性资产是最主要的农村集体产权的交易对象；农村公益性资产不具备可交易性，其只有在满足一定条件的情况下转化为农村经营性资产后才具备可交易性。

第五章

农村集体产权交易

决议规则

农村集体资产是农民集体的资产，由农民集体享有所有权。集体产权交易是农民集体依据其自由意志处分农村集体资产的行为。集体产权交易事关集体成员利益，集体成员的意志应当得到尊重。因此，以法治手段保障农村集体产权交易的有效手段在于设置相应的决议规则，确保集体成员在农村集体产权交易过程中能够有效行使集体成员权，充分保障集体成员对于农村集体产权交易相关事项的知情权和合法权益。

一、农村集体产权交易决定规则

（一）农村集体资源性资产派生的农村集体产权的交易的决议与公告规则

依据既有法律规定，农村集体资源性资产派生的农村集体产权为集体经营性建设用地使用权与以"四荒地"为客体的土地经营权。

依据《土地管理法》第63条的规定，集体经营性建设用地使用权的设立应当经本集体经济组织成员的村民会议三分之二以上成员或者三分之二以上村民代表的同意。对这一程序性规定应当做如下解释：集体经营性建设用地使用权的设立应当由集体经济组织的权力机关做出决议，集体经济组织的执行机关依据集体经济组织权力的决议制定相应的交易方案，集体经济组织的权力机关对集体经济组织执行机关的方案进行审议，审议通过后方可提请集体经济组织成员大会或集体经济组织集体成员代表大会进行表决，村民会议是组织集体经济组织成员大会或集体经济组织成员代表大会对集体经营性建设用地使用权设立的表决形式。

具体而言，集体经济组织的权力机关应履行召集集体经济组织成员大会或集体经济组织成员代表大会的义务。集体经济组织的权力机关不履行该义务的，集体经济组织的执行机关或集体经济组织的监督机关应当履行这一义务。在召集集体经济组织成员大会或集体经济组织成员代表大会的过程中，召集机关应当将集体经济组织成员大会或集体经济组织成员代表大会召开的时间、地点、表决事项等内容在本集体范围内进行公告，公告期限不得少于七个工作日，公告期间届满后，召集机关应当按照公告内容筹备会议相关事项。该交易的决议需要经过集体成员全体或成员代表所占表决权总数三分之二同意。①表决依据民主决议原则，在集体成员或集体成员代表间实行一人一票规则。②集体经济组织成员大会成员或集体经济组织成员代表大会成员在对该交易进行表决之前，召集机关应当对预设的交易相对人的条件、预设交易价格等交易相关事项作出说明并应当将集体经济组织权力机关做出的交易决定、集体经济组织的执行机关形成的交易方案以及权力机关对交易方案的审查等相关材料进行公示。集体经济组织成员大会成员或集体经济成员代表大会成员可以就交易相关事项向集体经济组织权力、执行机关进行质询。集体经济组织成员或成员代表可以对交易提出异议。集体经济组织权力机关应当对该异议予以记录。集体经济组织五分之一以上成员或成员代表认为表决事项和表决程序存在违反法律、法规强制性规定或是违反集体规约、违反公序良俗、③集体经济组织章程规定、该交易行为侵害集体成员合法权益或该决议严重违反决议程序规定④的自表决之日起七个工作日内可以提异议并请求集体经济组织权力机关予以进一步审查，集体经济组织权力机关应当将该异议的内容予以记录并且应当对该异议进行审查。其如果认为异议成立的，应当重新召集集体成员大会，对该事项进行说明。集体经济组织成员大会或集体经济组织成员代表大会应当针对具体情况作出是否进行交易的决议。鉴于集体经济组织设立目的具有公益性和营利性的双重属性，在交易过

---

① 《农村集体经济组织示范章程（试行）》第16条规定，成员大会由理事会召集，且实行一人一票的表决方式。成员大会对一般事项作出决议，须经集体成员表决权总数过半数通过；对修改本社章程，决定相关人员取得或丧失本社成员身份，本社合并、分立、解散以及变更法人组织形式，以及集体资产处置等重大事项作出决议，须经集体成员表决权总数的2/3以上通过。依据上述规定，集体资源性资产交易属于集体资产处置事项范畴，因此集体资源性资产的交易应当经集体成员表决权总数2/3以上通过。

② 参见管洪彦、傅辰晨：《农村集体经济组织法人民主决策的异化与匡正》，《求是学刊》2020年第3期。

③ 《民法典》第153条："违反法律、行政法规的强制性规定的民事法律行为无效。但是，该强制性规定不导致该民事法律行为无效的除外。违背公序良俗的民事法律行为无效。"

④ 《民法典》第265条规定："集体所有的财产受法律保护，禁止任何组织或者个人侵占、哄抢、私分、破坏。农村集体经济组织、村民委员会或者其负责人作出的决定侵害集体成员合法权益的，受侵害的集体成员可以请求人民法院予以撤销。"

程中，其既要保障交易行为能够发挥保障公共利益的作用，同时又要兼顾该交易行为符合降低交易成本、维护交易安全的价值判断。①依循这一原则，集体经济组织成员大会应当针对异议的具体情况对交易行为的瑕疵予以补正，保证交易的顺利进行。集体经济组织经审查后，认为异议不成立的，应当在七个工作日内以书面方式通知提出异议的集体经济组织成员或集体经济组织成员代表。

村集体经济组织为集体经营性建设用地使用权人的情况下，该集体经济组织全体成员或成员代表进行表决的形式为本村村民会议；村内集体经济组织为集体经营性建设用地使用权人的情况下，该集体经济组织全体成员或成员代表进行表决的形式为本村内集体经济组织所在村的村民会议；乡镇集体经济组织为集体经营性建设用地使用权人的情况下，该集体经济组织全体成员或成员代表进行表决的形式是由各个集体经济组织成员所在村的村民会议决定。集体成员大会或集体成员代表大会通过交易决议的，集体经济组织权力机关应当对集体成员大会或集体成员代表大会通过交易决议情况做详细记录并将该记录予以备案保存，同时应当将该记录提交给同级农业主管部门备案。交易完成后，集体经济组织应当将交易结果于交易完成后七个工作日内予以公告。

依据《民法典》第264条②，集体经济组织成员对于集体经济组织财产状况有权查阅、复制相关资料。但是为了防止集体成员滥用该权利，集体成员行使该查询权时应当满足具有正当理由的条件。在具有正当理由的情况下，集体经济组织成员可以向集体经济组织管理机关提出书面申请查询集体经营性建设用地使用权设立表决的相关资料。集体经济组织管理机关在接到集体成员提出的书面申请后应当在七个工作日内对集体经济组织成员提出的查询申请理由进行审查。集体经济组织管理机关认为集体经济组织成员申请

---

① 参见房绍坤、张泽嵩：《农村集体经济组织决议效力之认定》，《法学论坛》2021年第9期。

② 《民法典》第264条："农村集体经济组织或者村民委员会、村民小组应当依照法律、行政法规以及章程、村规民约向本集体成员公布集体财产的状况。集体成员有权查阅、复制相关资料。"

查询理由成立的，集体经济组织管理机关应当在七日内允许申请人查询资料原件，亦可以应申请人的请求向其提供复印件。集体经济组织管理机关认为该申请理由不成立的，应当于七个工作日内以书面方式通知申请人并说明理由。申请人在接到集体经济组织管理机关拒绝查询的书面通知后，如果认为集体经济组织管理机关拒绝查询的理由不成立的，申请人在接到集体经济组织书面通知后七个工作日内可以向集体经济组织权力机关提起书面申诉。集体经济组织权力机关在收到书面申诉后应当在七个工作日内对申诉进行审查。如果申请人为集体经济组织权力机关的成员的，集体经济组织权力机关在对申诉进行审查时，应当要求申请人回避。集体经济组织权力机关经审查后认为申诉理由成立的，其应当通知管理机关在七日内为申请人提供相应查询材料，认为理由不成立的，应当驳回其申诉。

依据《农村土地承包法》第52条，集体经济组织将"四荒地"承包给集体经济组织成员以外的主体的，亦需要经过本集体经济组织成员的村民会议三分之二以上成员或者三分之二以上村民代表的同意。因此，集体经济组织将"四荒地"承包给集体经济组织以外主体类推适用上述规则。

（二）农村集体经营性资产交易决定规则

集体经营性资产是集体获得资产收益的主要资产。其具有如下特征。一是资产的种类繁多。集体经营性资产既包括不动产（例如，集体所有的房屋、水利设施等），还包括动产（集体企业的机器设备）以及无形财产（例如，集体对于农产品标识享有的知识产权）。二是资产价值的差异性较大。例如，集体所有的具有经营性质的不动产的价值往往要大于动产的价值。三是资产具有获益功能，即集体经济组织通过自主经营、管理经营性资产或是通过委托相应的专业化组织对其经营、管理进而获得收益。四是资产的流通性强。集体经营性资产的功能在于使农村集体产权人获得收益，因而这类资产脱离了不能流通的束缚，具有较强的流通性。

依据中央政策精神，农村集体经营性资产可以通过股份量化的方式确定集体成员对集体经营性资产享有的份额。[1]其目的在于使集体成员能够明确自身对集体经营性资产享有的权利，保障集体成员获得集体经营性资产收益的权利。实践中，各地对于集体经营性资产股份量化改革取得了明显成效，集体成员通过集体经营性资产的股份制改革获得了集体经营资产份额，依据份额获得集体经营性资产收益，使集体经营性资产真正发挥确保集体成员获得收益的功能。集体经营性资产的股份化是农村集体产权改革的重要目标之一。[2]鉴于集体经营性资产的特别属性，集体经营性资产交易的公告与决议规则的设置应当区分不同情形。

首先，对于资产价值较小的集体经营性资产，其交易对于集体影响较小且这一类集体经营性资产往往不会量化到具体的集体成员。为了提高交易效率，这一资产的交易由集体经济组织权力机关决定即可，无须通过集体经济组织成员大会或集体经济组织成员代表大会表决。其具体的决议与公告规则为：集体经济组织权力机关做出交易决定，集体经济组织管理机关依据该决定提出交易的具体方案并提请权力机关审议。集体经济组织权力机关审议通过后在七个工作日内发布公告，公告内容包括作为交易对象的集体经营性资产、交易相对人、交易价格等内容，公告仅仅起到通知作用。集体经济组织发出公告后即可以进行该交易。交易完成后，集体经济组织应当将交易结果于交易完成后七个工作日内予以公告。

其次，价值较大的集体经营性资产的交易往往对集体经济组织产生较大影响，这一类资产往往通过折股方式量化到集体经济组织成员。集体经济组织成员对这一类集体经营性资产享有相应的股份份额，集体经济组织成员对于折股量化后且价值较大的集体经营性资产的交易享有知情权和决定权。因此，集体经济组织对于集体经营性资产已经完成了股份制改革，即集体已经

---

[1]　参见林广会：《农村集体资产折股量化范围的确定及其法律效果》，《中国不动产法研究》2021年第1期。

[2]　参见房绍坤、林广会：《农村集体产权制度改革的法治困境与出路》，《苏州大学学报（哲学社会科学版）》2019年第1期。

将集体经营性资产折股并将股份份额分配给集体经济组织成员的情况下，集体经营性资产的交易应当由集体经济组织的权力机关做出交易决定，集体经济组织的管理机关应当依据权力机关的决定制定交易方案并提请集体经济组织的权力机关予以审议。集体经济组织权力机关审议通过后，集体经济组织管理机关应当在七日内召集集体经营性资产股东大会，在此期间集体经济组织管理机关应当将预期的集体经营性资产交易对象、交易相对方等事项予以公告，公告时间不少于七个工作日。该交易须经占交易集体经营性资产股份总份额的三分之二股东表决同意方可通过。①在表决过程中，表决会议召集机关应当对表决会议过程做详细记录。股东可以对该交易提出异议。占交易集体经营性资产股份总份额五分之一以上的股东认为表决事项和表决程序存在违反法律、法规强制性规定或是违反集体规约、违反公序良俗、集体经济组织章程规定、该交易行为侵害集体成员合法权益或该决议严重违反决议程序规定的，可以提出异议并请求集体经济组织权力机关予以审查。集体经济组织对异议的处理的规则类推适用农村集体资源性资产派生的农村集体产权的交易的相关规则。

　　除上述情形外，集体经营性资产享有股份份额的集体经济组织成员对于该交易仍持有异议的，可以在提出交易异议之日起七个工作日内向集体经济组织提出回购其享有的集体经营性资产股份份额的请求。②集体经济组织的权力机关在收到回购申请之日起七个工作日内作出决定。集体经济组织的权力机关应当依据具体情况分别处理。其一，如果集体经济组织成员请求回购股份数额达到作为拟交易集体经营性资产股份份额的百分之二十的，集体经济组织的权力机关应当通知管理机关召集集体经济组织成员大会或集体经济组织成员代表大会。集体经济组织管理机关应当在收到通知之日起三个工作

---

① 例如，《安徽省宣城市农村集体经营性资产流转交易规则（试行）》第9条明确规定，集体经营性资产的交易，涉及资产数额较大的，须经本集体成员或本集体成员代表三分之二以上同意。
② 以集体经营资产份额为对象的集体个人股份可以予以流转。参见管洪彦：《农村集体产权改革中的资产量化范围和股权设置》，《人民法治》2019年第14期。

日内将集体成员请求回购集体经营性资产股份份额事项予以公告，并于七个工作日内召集集体经济组织成员大会或集体经济组织成员代表大会。占集体经营性资产总份额三分之二以上表决通过方可进行回购；其二，如果集体经济组织成员请求回购股份份额没有达到拟交易集体经营性资产股份份额的百分之二十的，集体经济组织权力机关有权决定是否回购该股份。但集体经济组织权力机关应当秉持维护集体经济组织及其成员合法权益原则，在充分评估请求回购股份价值的基础上确定回购价格，不得徇私舞弊，以低于股份份额实际价值的价格收购该股份份额。交易完成后，集体经济组织权力机关应当将交易结果于交易完成后七个工作日内予以公告。

集体公益性资产在转化为集体经营性资产的情况下，可以作为集体产权交易对象。集体公益性资产转化为集体经营性资产的公告和决议规则包括以下内容。

首先，集体经济组织权力机关应当作出将集体公益性资产转化为集体经营性资产的决定，集体经济组织管理机关应当依据集体经济组织权力机关做出的决定制定集体公益性资产转化为集体经营性资产的具体方案并将该方案报请集体经济组织权力机关审议。集体经济组织权力机关审议通过后，应当在七个工作日内通知集体经济组织管理机关召集集体经济组织成员大会或集体经济组织成员代表大会。集体经济组织管理机关在收到通知后于三个工作日内将集体公益性资产转化为集体经营性资产的相关内容予以公告，并于七个工作日内召集集体成员大会或集体成员代表大会对集体公益性资产转化为集体经营性资产相关事项进行表决。①

其次，在集体成员或集体成员代表对集体公益性资产转化为集体经营性资产相关事项进行表决前，集体经济组织管理机关应当对于集体公益性资产

---

① 农民集体决议的正当性基础在于程序正义。农村集体公益性资产转变为农村集体经营性资产事关农民集体以及集体成员的切身利益，应当经过农民集体成员的表决。参见王雷：《农民集体成员权、农民集体决议与乡村治理体系的健全》，《中国法学》2019年第2期；王雷：《论民法中的决议行为 从农民集体决议、业主管理规约到公司决议》，《中外法学》2015年第1期。

转化集体经营性资产相关事项予以说明，集体成员或集体成员代表有权就相关事项对集体经济组织管理机关行进询问，集体经济组织管理机关应当如实回答集体成员或成员代表提出的问题。集体成员或集体成员代表对表决事项有权提出异议，提出异议应当说明理由。集体经济组织管理机关应当对表决过程进行如实记录。集体公益性资产转化集体经营性资产须经集体成员或集体成员代表总数的三分二以上表决通过。通过后，集体经济组织应当将表决结果于表决后七个工作日内在集体范围内公告。占集体成员或集体成员代表总数五分之一以上的集体成员或集体成员代表对于该表决事项提出异议的，有权在公告期间内向集体经济组织权力机关提出书面复议申请，集体经济组织权力机关应当在收到该申请七个工作日内对申请进行审查。集体经济组织权力机关认为提出异议不具有正当理由的，应当书面告知该申请人。集体经济组织权力机关认为提出异议的理由成立的，集体经济组织权力机关应当通知集体经济组织管理机关重新召集集体成员大会或是集体成员代表大会对集体公益性资产转化为集体经营性资产进行重新表决。集体公益性资产转化为集体经营性资产后，集体经济组织应当将转化的结果于交易完成后七个工作日内予以公告。

二、农村集体产权交易相对方资格审查规则

（一）农村集体资源性资产派生的农村集体产权交易相对方资格审查规则

农村集体资源性资产派生的农村集体产权交易相对方的类型包括集体成员以及集体成员以外的其他民事主体。农村集体资源性资产派生的农村集体产权的交易方式包括集体为其成员以有偿方式设立以资源性资产为客体的用益物权。例如，集体为其成员设立以"四荒地"为客体的土地经营权。此时，集体资源性资产以承包的方式交由集体经济组织成员经营。这一交易的特征在于集体将其资源性资产交由集体经济组织成员进行经营管理，集体经济组织成员基于其成员身份获得集体经营性资产。实践中，由于各个地区的

集体经济组织在组织结构、成员构成、经济状况等方面存在较大差异，各个集体经济组织成员标准的认定存在一定差异。各地区依据自身的实际情况，制定了相应的地方性标准。但是从我国立法发展现实需求来看，消除集体经济组织成员资格认定标准的差异可以有效促进集体经济组织成员在不同集体经济组织之间的流动，最大限度地保障法制的同一性。[1]基于上述理由，我国加快了集体经济组织统一立法的步伐。在这一立法过程中，集体经济组织成员资格标准的认定成为该项立法的重点内容。因此，未来集体经济组织成员资格认定应当依照统一立法标准执行。

除了集体经济组织为其成员以有偿方式设立以资源性资产为客体的用益物权外，集体经济组织还可以通过为集体经济组织成员以外的民事主体设立以资源性资产为客体用益物权，最为典型的交易方式为集体经济组织对于"四荒地"，可以通过招标、拍卖、公开协商等方式由集体经济组织成员以外的单位或个人进行承包（《农村土地承包法》第48条）。对于这一交易方式，集体经济组织应当对承包方的资信情况和经营能力进行审查（《农村土地承包法》第52条），以保证"四荒地"能够得到合理开发利用，承包合同能够得到全面履行，防止农民集体经济组织利益受到损害。[2]所谓资信能力是指承包"四荒地"的单位和个人是否具有足够的资产用于"四荒地"的改造和经营之中。"四荒地"是不适合用于耕种的农村土地，这部分土地只有通过相应的改造才能予以有效利用。如果将其平均分配给集体经济组织成员，其难以具备相应的投资能力对分得的"四荒地"进行投资，进而可能导致这部分土地因为不具备可耕种性而被撂荒。为了最大限度地实现对这部分土地资源的利用，法律允许集体经济组织成员以外的单位和个人承包该部分土地，对其进行有效投资，改善该部分土地的利用状况。因此，集体经济组织在将"四荒地"发包给集体经济组织成员以外的单位和个人时，应当审查

---

[1]　参见房绍坤、崔炜：《农村集体产权制度改革的法律问题研究——基于对两省（市）农村集体产权制度改革异同的实践考察》，《中国不动产法研究》2021年第1期。

[2]　参见黄薇：《中华人民共和国农村土地承包法释义》，法律出版社2019年版，第219页。

承包人是否具备一定的资产用于"四荒地"的改造和经营。在承包人具备一定资质的情况下，发包人可以要求承包人制订并提供详细的投资计划并将其作为承包合同组成部分订入承包合同之中。

依照上述法律规定，发包人还应当对承包人是否具有经营能力进行审查。这里的经营能力是指承包人是否具有从事农业生产的经营能力，这一能力的审查应当包括两方面：一方面该承包人在参与"四荒地"承包之前，是否从事农业生产活动，是否具有参与"四荒地"承包的经验；另一方面该承包人现时是否从事农业生产经营，如果其现时从事农业生产，其现实的经营效果如何。同时，依据《农村土地承包法》第45条，县级以上人民政府对于工商企业等社会资本取得土地经营权的资格、项目以及风险防范等有权进行审查。[①]如果"四荒地"的承包人为工商企业等社会资本的，发包人还应当审查其取得土地经营的主体资格是否通过县级以上地方人民政府的资格审查。集体经济组织管理机关应当负责对交易相对方的资质进行审查，集体经济组织管理机关应当尽到尽职审查义务。交易相对方有义务向集体经济组织管理机关提交相应的资质审查材料。集体经济组织应当将审查结果于审查结束后七个工作日内以书面提请集体经济组织权力机关予以审查。集体经济组织权力机关经审查后认为该交易相对方具备作为集体资源性资产交易相对人资质的，应当将审查结果予以备案。集体经济组织权力机关认为该交易相对人不具备作为集体资源性资产交易相对方资质的，应当于确定审查结果后七个工作日内以书面方式通知管理机关。集体经济组织管理机关应当在收到该书面通知后七个工作日内以书面方式通知交易相对方并说明理由。交易相对方在收到集体经济组织管理机关的书面通知后，对该审查结果有异议的，应当自收到该通知后七个工作日内向集体经济组织权力机关提请复议。集体经济组织权力机关应当于收到书面复议申请后七个工作日内对该异议进行审

---

① 《农村土地承包法》设置这一规范的目的在于监督工商资本下乡后获得土地经营权仍然从事农业生产，防止其改变土地用途，威胁粮食生产安全。参见高圣平、王天雁、吴昭军：《中华人民共和国农村土地承包法条文理解与适用》，人民法院出版社2019年版，第324页。

查。集体经济组织权力机关认为该异议不成立的，应当于作出决定之日起七个工作日内以书面方式通知交易相对方。集体经济组织权力机关认为异议成立的，应当通知集体经济组织管理机关。值得注意的是，发包人对承包人资信能力以及经营能力的审查不应当仅仅适用于"四荒地"承包的情形，其适用的范围应当扩大到另一类型的农村集体资源性资产派生的农村集体产权——集体经营性建设用地使用权设立的领域。[①]

概括而言，农村集体资源性资产派生的农村集体产权交易相对方的资质审查规则主要包括以下内容：其一，交易相对方如果是集体经济组织成员以外的单位和个人，集体经济组织作为发包人应当对其交易资质进行审查；其二，交易资质审查的内容包括交易相对人的资信能力、经营能力。如果依照法律、法规的规定，承包人为工商企业等社会资本的，还应当经过县级以上人民政府的资格审查。

（二）农村集体经营性资产交易相对方资格审查规则

集体经营性资产往往具有较强的流通性，交易相对方的范围亦较为广泛。对于集体经营性资产的交易相对方的资质审查，集体经济组织应当坚持区分原则。

首先，对于转让集体经营性资产的情况而言，集体经济组织对于交易相对方只要满足法律、行政法规的规定即可。[②]集体经营性资产的主要功能在

[①] 从集体经济组织以"四荒地"为客体为他人设定的土地经营权与以承包方以耕地为客体为他人设定的土地经营权同属于土地经营权，两者在规则适用上应当遵循体系化的原则。工商资本下乡行政可规则可以类推适用于"四荒地"土地经营权的设置。参见李国强：《〈民法典〉中两种"土地经营权"的体系构造》，《浙江工商大学学报》2020年第5期；吴昭军：《"四荒地"土地经营权流转规则的法教义学分析》，《安徽师范大学学报（人文社会科学版）》2021年第2期。土地经营权属于集体资源性资产的重要类型，其他资源性资产的交易亦可以类推适用这一规则。
[②] 事实上，集体经营性资产与一般性的参与市场交易的资产没有本质性的区别。法律、行政法规没有限制的主体均可以参与到集体经营性资产的交易过程中。

于保障集体基于该资产获得收益。集体经营性资产的公共性和身份属性相对较弱。基于集体经营性资产的这一功能特性，集体经济组织交易集体经营性资产的最终目的在于获得收益。因此，集体经营性资产的产权人在交易该资产时应当重点考虑交易相对人是否有能力支付相应的资产交易价金。也就是说，集体经营性资产产权人只需依据竞价结果选取交易相对人，即哪位交易相对人出价高，集体经营性资产产权人即可选择其作为交易相对人。①

其次，对于具有较高市场价值的集体经营性资产的租赁、使用权的出让等情况，集体经营性资产的产权人应当对交易相对人是否具备相应资质进行审查。原因在于集体经营性资产的租赁、使用权的出让并不意味着集体经营性资产永久转让给交易相对人，集体资源性资产只是在特定期间内由特定的单位和个人经营管理，集体经营性资产产权人获得相应的收益，交易相对人在特定期间是集体经营性资产的经营者和管理者。②因此，集体经营性资产的交易相对人应当具备相应的资质，否则集体经营性资产可能因其经营不善而遭受损害。集体经营资产的产权人在以租赁、使用权出让时，需要对集体经营性资产交易相对人进行相应的资质审查。集体经营性资产的交易相对人应当具有经营管理集体经营性资产的能力。这一能力包括交易相对人通过交易取得集体经营性资产的投资能力、对资产的规划使用能力以及使集体经营性资产保值、升值能力。③

具体而言，集体经营性资产的产权人在审查集体经营性资产交易相对人是否具备上述能力时应当要求集体经营性资产交易相对人提供以下证明材料：一是集体经营性资产交易相对人近两年的资产状况；二是集体经营性资

---

① 事实上，集体经营性资产转让后，其性质将发生变化，不再属于集体产权的范畴。

② 例如，《乡村集体所有制企业条例》第18条第2款规定："企业实行承包、租赁制或者与其他所有制企业联营的，企业财产的所有权不变。"

③ 例如，《乡村集体所有制企业条例》第21条规定："实行承包或者租赁制的企业，企业经营者应当具备下列条件：（一）坚持四项基本原则和改革开放，遵纪守法；（二）必要的文化知识和专业技术知识；（三）必要的企业经营管理能力；（四）提供必要的财产担保或者保证人；（五）企业所有者提供的其他合法条件。"

产交易相对人应当向集体经营性资产产权人提供其在经营管理集体经营性资产期间的经营管理规划和投资计划材料；三是集体经营性资产交易相对人应当向集体经营性资产产权人提供经营风险防范计划材料，集体经营性资产交易相对人应当就可能发生的经营风险予以预判并提出相应的风险防范措施。集体经济组织管理机关负责接收上述材料。集体经济组织权力机关对于上述材料的完整性、真实性进行审查。如果集体经营性资产交易相对人提供的材料不完整，其有权要求相对人对材料进行补充；如果集体经营性资产交易相对人提供的材料不真实，其有权要求相对人对材料进行更正。集体经济组织权力机关应当在对材料审查完毕后七个工作日内书面通知交易相对人对相应的材料进行补充和更正，交易相对人在收到该书面通知后七个工作日内应当按照集体经济组织权力机关的要求补充或更正相应的材料，交易相对人拒绝补充或更正材料的，视为放弃交易。交易相对人在七个工作日内补充或更正相应材料的，集体经济组织权力机关应当在七日内对该材料进行重新审查，集体经济组织权力机关经审查后认为交易相对人提供的材料具备完整性和真实性的，应当作出认定其具备交易主体资格的决定，并于做出该决定之日起七个工作日内对该决定予以公告。集体经营性资产存在多个有意向交易者的，集体经济组织权力机关应当秉持择优选定的原则。①

三、农村集体产权交易价格确定规则

（一）农村集体资源性资产派生的农村集体产权交易价格确定规则

农村集体资源性资产派生的农村集体产权包括两类产权，即集体经营性建设用地使用权以及以"四荒地"为客体的土地经营权。因此，农村集体资源性资产派生的农村集体产权交易价格确定规则，主要针对上述两类集体产权的交易而设计。

---

① 例如，《乡村集体所有制企业条例》第20条第3款规定："企业所有者应当对投标者全面评审，择优选定。"

　　集体经济组织为他人设立集体经营性建设用地使用权，是集体经济组织将集体经营性建设用地以设立租赁债权或用益物权的方式交由他人管理经营的一种交易方式。[①]"四荒地"的承包是指集体经济组织将"四荒地"以设立土地经营权的方式委以他人经营权的一种交易方式。由于集体经营性建设用地、"四荒地"是集体重要的资源性资产，具有较高的市场价值。因此，为了防止该资产以过低价格租赁或出让，集体经营性建设用地的租赁或集体经营性建设用地使用权的出让以及"四荒地"承包的市场价格应当依据一定规则加以确定：集体经济组织权力机关作出集体经营性建设用地租赁或集体经营性建设用地使用权出让决定后，集体经济组织应当在做决定进行该资产交易后七个工作日内启动确定集体经营性建设用地的租赁或集体经营性建设用地使用权出让价格的工作。这一价格的确定可以采取不动产评估、参照临近区位土地价格等方式加以确定。"四荒地"承包价格的确定还应当考虑"四荒地"的实际状况、承包期限以及"四荒地"改造的难度等因素。集体经济组织应当将价格确定的过程予以书面记录并予以备案。集体经济组织管理机关在交易价格确定完成后七个工作日内应当将价格确定情况以书面形式通知权力机关并应当向其提供相应的价格确定的资料，权力机关在收到管理机关的书面通知以及提交的书面材料后应当在七个工作日对其提交的材料进行审查。权力机关认为管理机关确定的交易价格合理的，应当将其纳入集体经济组织成员大会或集体经济组织成员代表大会表决农村集体产权交易表决事项范畴。集体成员或集体成员代表对该事项的表决适用农村集体资源性资产派生的农村集体产权交易决定的决议规则以及异议处理规则。

　　交易价格确定后，集体经济组织应当将这一价格作为该产权在农村集体产权交易平台上进行招标或公开竞价的底价。集体经济组织及其成员不得在交易前将该价格公开透漏给潜在的交易相对人。

---

① 《土地管理法》第63条没有对集体经营性建设用地使用权人的身份予以明确限制，因而可以推定集体经营性建设用地使用权的权利主体不应当限于集体成员。

（二）农村集体经营性资产交易价格确定规则

集体经营性资产交易价格的确定，应当依据集体经营性资产的市场价值来确定其交易价格。农村集体经营性资产交易价格确定规则主要包括以下内容。

首先，对于市场价值比较小的集体经营性资产，集体经济组织的权力机关在作出交易决定后以书面形式通知管理机关，管理机关在收到书面通知后七个工作日内对作为交易对象的集体经营性资产进行价格评估，[①]评估的方式为参照同类集体经营性资产的市场价值。管理机关在集体经营性资产价格确定工作完成后七日内将评估价格以书面方式通知集体经济组织权力机关并将相关材料提交给集体经济组织权力机关，集体经济组织权力机关应当在收到书面通知以及相关材料后七个工作日内对相关材料进行审查，经审查后认为该交易价格确定具有合理性的，应当在审查结束后七个工作日内以书面方式通知管理机关。管理机关在收到通知后应当将集体经营性资产价格确定的相关材料进行备案并于收到通知后七个工作日内将确定价格予以公告。对集体经营性资产享有股份份额的集体成员总份额的五分之一以上的集体成员认为该交易价格确定不合理的，应当在公告之日起七个工作日内以书面形式向集体经济组织权力机关提出复议申请并说明理由。集体经济组织权力机关应当在七个工作日内对该复议申请进行审查，其认为该复议申请理由不成立的，应当做出驳回复议申请的决定，并于做出决定后七个工作日内通知申请人。集体经济组织权力机关认为复议申请理由成立的，应当在作出决定之日起七个工作日内通知管理机关重新确定交易价格。管理机关在收到权力机关的通知后七个工作日内应当重新对该集体经营性资产的交易价格进行确定，确定后将重新确定的价格在七个工作日内再次予以公告。对集体经营性资产享有股份份额的集体成员总份额的五分之一以上的集体成员再次提出异议

---

① 对于价值相对较小的农村集体经营性资产的评估可以适当地简化标准和程序，参见《江苏省农村集体资产管理条例》第34条。

的，集体经济组织权力机关对异议进行审查，如果认为异议成立的，应当决定终止交易。如果认为异议不成立的，应当通知管理机关。管理机关应当将价格确定的相关材料予以备案并将最终确认的交易价格进行公告。

其次，对于市场价值较大的集体经营性资产，集体经济组织权力机关决定对该资产进行交易的，应当在决定之日起七个工作日内通知管理机关。管理机关在收到通知后七个工作日内聘请专业性的资产评估机构对该集体经营性资产的价值进行评估。[①]管理机关应当在评估结果确定后七个工作日内将评估结果及其相关材料提交权力机关进行审查。审查通过后，管理机关应当将该材料予以备案并公告。对集体经营性资产享有股份份额的集体成员总份额的五分之一以上的集体经济组织成员认为该交易价格确定不合理的，应当在公告之日起七个工作日内以书面形式向集体经济组织权力机关提出复议申请并说明理由。对这一复议申请的处理适用市场价值比较小的集体经营性资产交易的复议申请处理规则。

农村集体公益性资产不能作为交易对象，在其转化为集体经营性资产的情况下可以作为交易对象。此时，农村集体公益性资产交易价格的确定规则依循集体经营性资产交易价格确定。

四、农村集体产权交易形式确定规则

从农村集体产权交易未来的发展趋势来看，未来多数农村集体产权交易需在农村集体产权交易平台上进行，这成为农村集体产权交易应当满足的首

[①] 例如，《上海市农村集体资产监督管理条例》第28条规定："有下列情形之一的，农村集体经济组织应当委托具备法定资质的资产评估机构对农村集体资产进行评估：（一）将农村集体资产作价出资的；（二）转让农村集体资产达到章程规定的限额的；（三）因村民小组、村、乡镇撤制或者农村集体经济组织解散，需要调整农村集体资产权属或者处置农村集体资产的；（四）法律、法规规定需要进行评估的其他情形。农村集体资产评估结果应当向本集体经济组织成员公示。"

要条件。在实践中，这一做法已经得到认可。①以农村集体产权交易平台作为农村集体产权交易的媒介，目的在于发挥平台交易的公开性、平等性，保证农村集体产权交易结果的公正。因此，农村集体产权交易形式的确定应当服务于这一宗旨。实践中，农村集体产权交易形式主要为招标、拍卖等公开竞价的交易形式，特定情形下可以不采取这一交易形式。②农村集体产权交易原则上应当采取公开竞价的方式，非公开竞价为例外。

（一）农村集体资源性资产派生的农村集体产权交易形式确定规则

就农村集体资源性资产派生的农村集体产权交易而言，为了防止集体资源性资产在交易中的贬值，预防以交易方式侵害集体利益的现象产生，农村集体资源性资产派生的农村集体产权交易方式应当为公开竞价、招标以及拍卖。集体资源性资产公开竞价的底价应当按照上述价格确定程序予以确定，集体经济组织应当在该价格确定后七个工作日内将交易意向与确定价格通知农村集体产权交易平台。由农村集体产权交易平台发布公开竞价、拍卖以及招标。集体资源性资产无法进行公开竞价交易（例如，无交易相对方参与竞价、交易相对方全部出价低于底价），农村集体产权交易平台应当及时通知集体经济组织。

集体经济组织应当将无法进行公开竞价相关情况予以记录并形成书面材料进行备案。集体经济组织权力机关应当于七个工作日内由集体经济组织权力机关召集集体经济组织成员大会或集体经济组织成员代表大会对该交易是否继续进行表决。集体经济组织成员大会或集体经济组织成员代表大会的表

---

① 《江西省人民政府办公厅关于引导农村综合产权交易市场健康发展的实施意见》明确提出，农村集体产权交易必须在农村集体产权交易平台进行。

② 《安徽省宣城市农村集体经营性资产流转交易规则（试行）》第7条明确规定，农村集体经营性资产交易形式主要为协议、招标、拍卖以及竞价、法律法规规定的其他交易形式；《江西省南昌市农村集体产权交易规则（试行）》第7条规定："农村集体产权流转交易可以采取下列方式进行：（一）协议；（二）竞价；（三）拍卖；（四）招标；（五）国家法律、法规规定的其他方式。"

决规则适用决定农村集体产权交易决议规则。经集体经济组织成员或集体经济组织成员代表大会表决确定该交易继续进行的，集体经济组织可以以其他方式进行交易（例如，集体经济组织与特定的交易相对人进行协商议价）。集体经济组织应当在集体经济组织成员大会或集体成员代表大会作出决定后七个工作日内由集体经济组织管理机关提出更换交易方式的具体方案交由集体经济组织权力机关进行审议。集体经济组织权力机关审议通过后应当以书面方式通知管理机关，管理机关在收到该通知后应当于七个工作日内更换交易方式，[①]并及时通知农村集体产权交易平台。更换交易方式后，农村集体资源性资产派生的农村集体产权交易仍然无法完成的，集体经济组织有权决定终止交易。

（二）农村集体经营性资产交易形式确定规则

就集体经营性资产交易而言，应当依据具体情况确定其交易形式。对于特定情况下的农村集体经营性资产的交易可以不采取公开竞价的方式进行交易，其主要情形包括：一是为发展公益事业而进行的农村集体产权交易；二是集体产权交易目的是参与政府建设项目或公共投资；三是集体产权人以集体资产入股、投资（以集体土地使用权入股、投资除外）为表现形式的农村集体产权交易。上述集体产权交易采取非竞价交易形式的，应当经过集体成员经济组织大会或集体经济组织成员代表大会民主决议通过（该决议的形成规则适用集体成员大会或集体成员代表大会农村集体产权交易决议规则），

---

① 《江西省南昌市农村集体产权交易规则（试行）》第14条规定："挂牌期间，农村综合产权交易中心对意向受让方的受让申请进行登记，并对意向受让方进行资格审查。挂牌期满农村综合产权交易中心按照出让方的意愿，依据征集到意向受让方数量的多少选择交易方式。如只产生一个符合条件的意向受让方，可以采取协议的方式；产生两个及以上符合条件的意向受让方，可以采取竞价、拍卖或招标等方式确定受让方。"

并报农业经济管理部门同意。①集体经营性资产公开竞价的底价应当按照上述农村集体产权交易价格规则予以确定。该交易价格确定，集体经济组织应当及时通知农村集体产权交易平台，请求其及时发布该交易价格。

农村集体经营性资产无法进行公开竞价交易的（例如，无交易相对方参与竞价、交易相对方全部出价低于底价），农村集体产权交易平台应当及时通知农村集体经济组织。集体经济组织应当将无法进行公开竞价的相关情况予以记录并形成书面材料进行备案。农村集体经济组织权力机关应当于七个工作日内召集集体经济组织成员大会或集体经济组织成员代表大会对该交易是否继续进行表决。集体经济组织成员大会或集体经济组织成员代表大会的表决规则适用决定农村集体产权交易决议规则以及异议处置规则。集体成员或集体成员代表大会经过相应的表决程序决定该交易可以继续进行的，集体经济组织可以以其他方式进行交易（例如，集体经济组织与特定的交易相对人进行协商议价）。集体经济组织应当在集体经济组织成员大会或集体成员代表大会作出决定后七个工作日内由集体经济组织管理机关提出更换交易方式的具体方案交由集体经济组织权力机关进行审议。集体经济组织权力机关审议通过后应当以书面方式通知管理机关，管理机关在收到该通知后应当于七个工作日内更换交易方式，并及时通知农村集体产权交易平台。集体成员大会或集体成员代表大会亦可以授权集体经济组织以低于底价价格进行交易。②集体经济组织成员大会或集体经济组织成员代表大会的表决规则适用

① 《广东省广州市农村集体资产交易管理办法》第12条规定，农村集体资产应当采取公开竞投方式进行交易。符合下列情形之一的项目，可以不采取公开竞投方式：（一）发展幼儿园、养老院、社区保洁服务等公益事业项目；（二）地铁等政府投资并与农村集体发生经济关系的公共设施建设项目；（三）经连续两次采用公开竞投方式交易都因无人报名而未能成功交易的项目；（四）以集体建设用地使用权之外的集体资产折价入股、合作建设的项目。不采取公开竞投方式的，由农村集体提出申请，镇（街）交易管理机构审核，经镇人民政府、街道办事处批准后报区农业行政主管部门备案，并经社员大会或者社员代表会议表决通过，可以采取协商谈判等其他方式进行。
② 《安徽省宣城市农村集体经营性资产流转交易规则（试行）》第9条明确规定，农村集体经营性资产以低于评估价值（底价）进行交易的，须经集体成员或集体成员代表三分之二以上同意。

决定农村集体产权交易决议规则异议处置规则。更换交易方式或经批准以低于底价的价格进行交易后，农村集体经营性资产派生的农村集体产权交易仍然无法完成的，集体经济组织有权决定终止交易。

概括而言，农村集体产权交易决议规则适用于农村集体产权交易的各个环节。农村集体产权交易趋于平台化的发展，农村集体产权交易决议规则的适用应当与农村集体产权交易平台的相关规则相协调（如图5-3所示），才能保证农村集体产权交易规则体系发挥其应有效应。

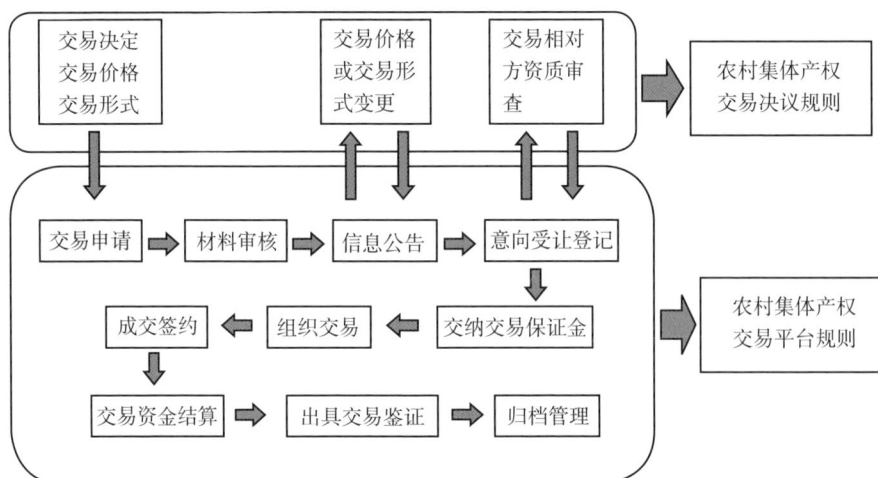

图5-3 农村集体产权交易决议规则与农村集体产权交易平台运行规则关系

第六章

农村集体产权交易机制
良性运行的外部条件

农村集体产权交易能否顺利进行，除了建构和完善自身的交易规则外，还需要相应的外部条件予以保障。这些外部交易条件亦需要通过相应的规则设置以实现其自身功能。因此，将农村集体产权交易的外部条件纳入集体产权交易法治保障范畴是推进农村集体产权交易法治化的必由之路。

一、农村集体产权交易服务制度的建立

随着农村集体产权交易对象范围和交易规模的不断扩大，农村集体产权交易主体对于农村集体产权交易服务的需求亦随之增加。农村集体产权交易服务能够发挥活跃农村集体产权交易市场，提高农村集体交易效率的作用，因而将其纳入法律规制范畴能够有效促进农村集体产权交易机制的良性运行。

（一）农村集体产权交易服务制度确立的总体思路

农村集体产权交易服务体系的建构可以遵循两种路径：一是依托于农村集体产权交易平台建立相应的服务体系；二是非依托农村集体产权交易平台建构相应的服务体系。从未来我国农村集体产权交易服务发展的总体趋势来看，依托农村集体产权交易平台建立相应的农村集体产权服务体系更具比较优势。

其一，依托农村集体产权交易平台建立农村集体产权服务体系有利于实现农村集体产权交易以及交易服务的一体化建设。农村集体产权交易的实现需要有运行高效、稳定的市场以及相应的服务主体为其保驾护航。因此，农村集体产权交易服务配套制度应当以农村集体产权交易的市场建设以及市场服务为主要内容。市场是为农村集体产权交易提供交易平台的载体。[①]实践中，农村集体产权市场的组织形式具有多元化趋势，这一市场可以是具有一定场所的现实市场亦可以是依托网络进行交易的农村集体产权网络交易市场。例如，江苏省扬州市依托市及各县（市、区）建立了农村产权交易网站，为农村产权出让方、受让方提供开放的交易与服务平台，实现了网上竞拍成交，力争在更大范围内扩散交易信息，寻求交易对象，提升交易品种的

---

① 　参见吴兆明、周爱军、刘乃祥：《搭建产权交易平台 优化农村资源配置——扬州全面构建市县镇三级农村产权交易市场体系》，《江苏农村经济》2015年第1期。

成交价格。市场的建立必然需要相应的服务主体进入市场进而发挥市场的服务效能。农村集体产权交易当事人对于交易服务的需求主要集中在交易过程中，两者具有较强的关联性。农村集体产权交易服务体系是否建立、交易服务机构的服务质量的高低直接决定了农村集体产权交易当事人是否选择该交易平台进行交易。因此，农村集体产权交易服务体系是农村集体产权交易平台建设的重要组成部分，农村集体产权交易服务体系的建立和完善不仅仅起到了方便交易当事人、促进农村集体产权流转的作用，其建立和完善还能够有效促进农村集体产权交易平台建设的不断完善。可以说，依托农村集体产权交易平台建立农村集体产权交易服务体系具有一举两得的功效。在实践中，农村集体产权交易服务机构依托农村集体产权交易平台建立的模式已经得到认可。例如，《安徽省宣城市农村集体经营性资产流转交易规则（试行）》第25条明确规定，各级农村集体产权交易市场可以引入财务、会计、法律以及资产评估等服务机构。

其二，依托农村集体产权交易平台建构农村集体产权交易服务体系有利于资源整合，提高交易效率。随着我国农村集体产权交易平台建设不断完善，更多的农村集体产权交易当事人选择在交易平台进行交易。在市场化运作模式下，农村集体产权交易平台依据市场需求而建立，农村集体产权交易当事人对于交易服务的需求亦随之增加。远离农村集体产权交易平台的交易服务机构其提供服务的成本往往高于农村集体产权交易平台内部设置的农村集体产权交易服务机构，加之其是否具备良好信誉以及是否具备相应资质等因素的影响，该类交易服务机构在与前者的竞争中难以具备一定优势。此外，非依托农村集体产权交易平台建立的农村集体产权交易服务机构难以实现统筹规划，极易发生在同一地区重复建立农村集体产权交易服务机构的现象，不仅导致资源浪费，而且容易诱发不同的农村集体产权交易服务机构之间的恶性竞争。与之相对，依托农村集体产权交易平台建立的农村集体产权交易服务体系能够发挥整合交易服务资源、避免农村集体产权交易服务机构重复建立的作用。同时，依托农村集体产权交易平台建立的农村集体产权交易服务体系能够与农村集体产权交易平台形成有效的衔接，节省了农村集体产权交易当事人的成本，促进农村集体产权交易服务体系的良性发展。

（二）农村集体产权交易服务制度的构造

从法律制度层面出发，未来我国关于农村集体产权交易的立法，应当明确农村集体产权交易服务体系的建立以依托农村集体产权交易平台为基本方向。在此基础上，立法应当明确四项主要内容。

一是依托农村集体产权交易平台设立农村集体产权交易服务机构的两种模式。这两种模式为：一是农村集体产权交易平台出资组建相应的农村集体产权交易服务机构，该机构并不具有独立的法律人格，属于农村集体产权交易平台的组成部分；二是农村集体产权交易平台通过与一般性的商业服务机构签订协议的方式引进该服务机构作为农村集体产权交易服务机构。该交易服务机构具有独立的法律人格，并非农村集体产权交易平台的组成部分。但是，该交易机构在从事交易服务过程中应当服从农村集体产权交易平台的管理。各地区在依托农村集体产权交易平台建立农村集体产权交易服务机构过程中可以根据本地区的实际选择适合自身的农村集体产权交易服务机构建立模式。

二是农村集体产权交易服务体系组成机构的类型。实践中，我国农村集体产权交易服务机构主要为交易咨询、资产评估、交易代理、交易中介四类服务机构。例如，《安徽省宣城市农村集体经营性资产流转交易规则（试行）》第10条明确规定，集体经营性资产的出让人可以委托中介服务机构办理农村集体资源性资产流转的相关事宜。

农村集体产权交易咨询机构为向有交易意向或正在进行交易的当事人提供专业化的咨询机构，主要业务为农村集体产权交易法律法规咨询、农村集体产权交易政策咨询。农村集体产权资产评估机构为具有相应资产评估资质的资产评估机构，主要业务为向农村集体产权交易当事人提供作为交易对象的农村集体资产价值的评估服务。农村集体产权交易代理机构是具有一定业务代办资质且以被代理人名义为被代理人提供一定代理服务的机构，主要业务为以一方农村集体产权交易当事人的名义办理与农村集体产权交易相关的事务。农村集体产权交易中介机构是为农村集体产权交易提供中介服务机构，主要业务是为有意向进行农村集体产权交易的当事人寻找交易相对人或者提供相应服务的机构。这四类交易服务机构可以作为农村集体产权交易平台的组成机构，其不具备独立的法人资格。农村集体产权交易平台可以根据农村集体产权交易业务的具体需求设立新型的农村集体产权交易服务机构。同时，上述农村集体产权交易服务机构可以是一般性的商业服务机构，其设立应当履行相应的法人登记程序并取得相应的营业执照，该农村集体产权交易服务机构具备法人资格。农村集体产权交易平台可以与单独设立的农村集体产权交易服务机构签订合作协议，约定由其为交易当事人提供相应的交易服务。

三是农村集体产权交易服务机构的业务范围。作为农村集体产权交易平台的服务机构的业务范围主要由农村集体产权交易平台确定，具体内容应当由其章程加以确认。农村集体产权交易服务机构需要变更其业务范围的，应当向农村集体产权交易平台申请变更章程登记。农村集体产权交易服务机构超出农村集体产权交易平台章程记载范围的，农村集体产权交易平台不得以该理由主张提供服务行为无效。单独设立的农村集体产权交易服务机构的业务应当由工商登记范围加以确定。

四是农村集体产权交易服务机构收费标准的确立。作为农村集体产权交易平台组成部分的农村集体产权交易服务机构是不以营利为目的，其提供相应的服务可以收取相应的费用亦可以不收取相应的费用。农村集体产权交易平台收取费用的，该收费标准应当不超过其提供服务的成本。这一收费标准应当由农村集体产权交易平台与农业经济管理部门、市场物价管理部门共同确定。具有独立法人人格的农村集体产权服务机构应当在由农业经济管理部门会同市场物价管理部门确定的收费价格区间内确定收费标准。农村集体产权交易平台根据实际情况在这一价格区间与农村集体产权交易服务机构以协议的方式确定具体的服务价格标准。同时，具有独立法人人格的农村集体产权交易服务机构应当将其确定的收费标准向农业经济主管部门、市场价格管理部门以及农村集体产权交易平台进行备案。

依据农村集体产权交易市场化的基本原则，不违反法律、行政法规以及中央政策精神的农村集体产权交易服务都具有正当性。农村集体产权交易服务类型的规制应当保持一定的开放性。农业经济管理部门对于农村集体产权交易服务机构的建立应当予以支持和引导。[①]同时，鉴于我国各个农村地区在农村集体产权交易方面存在一定的差异，农村集体产权交易平台在遵循上述农村集体产权交易服务制度的基础上，可以根据本地区农村集体产权交易的实际情况制定相应的市场管理细则对上述制度内容予以细化和补充。实践中，各地有关农村集体产权交易的政策性文件鼓励农村集体产权交易市场在管理方面加强自治。例如，《甘肃省人民政府办公厅关于引导农村产权流转交易市场健康发展的实施意见》明确规定，鼓励各地建立农村产权流转交易市场行业协会，行业协会由产权交易市场主体和相关服务单位依法自愿组建，推进行业规范、交易制度和服务标准建设，加强经验交流、政策咨询、人员培训等服务，增强行业自律意识，自觉维护行业形象，提升市场公信力。

二、农村集体产权交易监管制度的建立

农村集体产权监督是农村集体产权法权结构的组成要素。[②]农村集体产权交易监管具有使农村集体产权在交易过程中实现保值、增值、[③]预防市场失灵[④]以及维护集体成员合法权益的重要功能。因此，实现农村集体产权交易监管的制度化对于促进良性的集体产权交易秩序的形成具有重要而现实的意义。

---

① 参见黄志辉：《仙游县农村综合产权流转交易市场分析》，《南方农业》2015年第33期。
② 参见王洪平：《农村集体产权制度的法权结构研究》，《中国不动产法研究》2020年第2期。
③ 参见邵坤：《农村集体产权制度改革的法治保障》，《人民法治》2019年第9期。
④ 参见姜楠：《农村集体产权交易制度建构的困境与出路》，《中国不动产法研究》2021年第1期。

（一）农村集体产权交易监管机制确立的必要性

农村集体产权监督是农村集体产权法权结构的重要要素。[①]农村集体产权具有一定的公益性，其往往承载了一定的公共服务职能。因此，该类产权的交易应当受到一定的监管，进而防止交易当事人在交易过程中徇私舞弊，造成农村集体产权价值的不当贬损。

首先，农村集体产权交易监管机制的确立有助于实现农村集体产权的保值、增值。农村集体产权交易制度确立的主要功能在于促进农村集体产权的流动，以市场化的方式实现农村集体产权的优化配置，使农村集体产权在交易过程中实现保值、增值。[②]这一功能的实现以该交易具有相应的正当性且具有良好秩序为基本前提。然而，市场化交易天然的弱质性在于市场失灵会波及市场交易的进行，损害市场交易的正当性，扰乱正常的市场交易秩序。[③]例如，农村集体产权人为了私利，可能利用信息不对称隐瞒交易相关信息，欺骗集体成员故意压低农村集体产权交易价格，致使农村集体产权价值产生不当贬损。实践证明，抑制市场失灵有效的手段便是建立相应的市场监管机制进而预防市场交易道德风险的产生，维护正常的市场交易秩序。

其次，农村集体产权交易监管机制的确立能够有效促进农村集体产权交易的规范化。目前，我国农村集体产权交易制度的确立还处在不断探索的阶段。各个地区农村集体产权交易处于非正规化向正规化转轨的关键时期。农村集体产权交易的正规化不仅仅意味着农村集体产权交易制度得到明确的认可，同时意味着其促进农村集体产权流转，保证农村集体产权保值、增值功能应当得到有效发挥。因此，农村集体产权交易监管是农村集体产权交易制度的重要组成部分。各地在农村集体产权交易监管的实践探索中积累了宝贵的经验，如何将这些经验上升为行之有效的法律制度是农村集体产权交易能

---

① 参见王洪平：《农村集体产权制度的法权结构研究》，《中国不动产法研究》2020年第2期。
② 参见房绍坤：《农村集体产权制度改革的法治保障》，《人民法治》2019年第9期。
③ 参见姜楠：《农村集体产权交易制度建构的困境与出路》，《中国不动产法研究》2021年第1期。

否实现正规化的关键环节。

再次，农村集体产权交易监管机制的确立是维护集体成员合法权益的必要手段。农村集体产权是集体成员集体享有的资产，是保障集体成员基本生活并获得相应收益的重要物质基础。农村集体产权的交易仍然需要以保障集体成员基本生活并获得相应收益为基本原则，其公共职能并不因为交易而丧失。在农村集体产权交易过程中，多数集体成员不能直接参与交易，进而无法及时获得交易相关的信息，使其对于农村集体产权交易的监督相对滞后。因此，在农村集体产权交易过程中设置相应的监管机制，能够有效及时遏制产权交易当事人在交易过程中恶意侵害集体成员利益行为的发生，维护集体成员对于农村集体产权享有的合法权益。

（二）农村集体产权交易监管主体

从我国农村集体产权交易的既有实践和未来发展趋势来看，农村集体产权交易平台应当履行相应的监管职能。例如，《河北省农村产权流转交易管理办法》第26条规定："流转交易中心应对市场主体从事村产权流转交易活动的信用情况进行记录。推行农村产权流转交易'黑名单'制度。"在这一过程中，农村集体产权交易平台事实发挥了监督主体的作用。

其应当作为农村集体产权交易监管主体，理由在于：

首先，农村集体产权交易平台一般为非营利性法人，这一主体性质有利于其承担农村集体产权交易监管主体的职能。依据中央政策精神，农村集体产权交易市场应当是在政府指导之下，由相应的法人组织提供特定的场所、设施而形成的。建立市场并提供相关服务成为这一法人组织主要的功能。为了便于农村集体产权交易、节省交易成本，由特定法人组织形成的交易市场应当具有较为广泛的覆盖性，市、县、乡、村四级都应当建立相应的交易市场。例如，甘肃省张掖市从2015年8月份开始与山东齐鲁农村产权交易中心开展合作，探索成立了张掖农村产权交易中心，完成了交易信息系统建设和交易规则制定，设立县中心1个、镇工作站7个、村级信息点71个，形成了市、县、乡、村四级产权交易市场化体系。基于市场建设的公益性要求，这类法人往往不以营利为目的。多数农村集体产权交易平台在政府部门的支持和引导下设立，农业经济管理部门对于农村集体产权交易平台运营和管理予以一定的指导。例如，《河北省农村产权流转交易管理办法》第5条规定："农村产权流转交易市场须坚持为农服务宗旨，突出公益性，不以盈利为目的。"该管理办法第22条规定："为减轻农民负担，流转交易中心对进行流转交易的农户和农村集体经济组织免收服务费用，对其他交易主体收取费用，收费标准向社会公开。"《江西省人民政府办公厅关于引导农村综合产权交易市场健康发展的实施意见》明确提出，农村综合产权交易平台应为服务"三农"的非盈利性机构，可以是事业法人，可以是国有资本出资组建的企业法人，依法组织各类农村产权交易，独立承担法律责任和市场风险。

可以说，农村集体产权交易平台并非一般性的法人组织，而是接受政府指导并发挥一定公益性职责的法人组织，由其作为农村集体产权交易监管主体，符合其公益性宗旨。

其次，农村集体产权交易平台作为农村集体产权交易的媒介和承载主体，由其作为农村集体产权交易监管主体，能够有效降低监管成本。农村集体产权交易平台具有组织农村集体产权交易的功能。在组织交易过程中，农村集体产权交易平台对于农村集体产权交易主体、交易对象、交易价格等相关事项比较了解并能够及时掌握与农村集体产权交易的相关材料。因此，与其他主体相比，农村集体产权交易平台对于农村集体产权交易的监管具有天然的优势。由其作为农村集体产权交易监管主体，能够有效地节省监管信息搜集成本，提高监管效率。

再次，农村集体产权交易平台作为农村集体产权交易监管主体有利于扩大农村集体产权交易监管的覆盖范围。目前，农村集体产权交易平台在大部分农村地区已经建立，通过农村集体产权交易平台进行的农村集体产权交易数量不断攀升。随着农村集体产权交易平台建设的发展和不断完善，绝大多数农村集体产权交易在农村集体产权交易平台上进行已经成为未来的发展趋势。例如，《江西省南昌市农村集体产权交易规则（试行）》第3条明确规定："本市所辖农村集体产权依法转让、出租、入股、抵押或其他方式流转交易的，必须在市、县（区）、乡（镇）统一的农村综合产权交易管理平台进行。"

因此，由农村集体产权交易平台作为农村集体产权交易监管主体，能够保证绝大多数的农村集体产权交易能够纳入监管范畴，保证农村集体产权交易监管的覆盖范围的广泛性。

最后，农村集体产权交易平台作为农村集体产权交易监管主体有利于实现对农村集体产权交易服务机构的监管。农村集体产权交易服务体系中包含了各类服务机构。这些服务机构从事的业务往往具有较强的专业性，具有独立法人资格的服务机构以营利为目的。为了实现农村集体产权交易服务的规范化，保障农村集体产权交易当事人的合法权益，服务机构提供服务的行为应当受到一定的监管。从现实角度出发，农村集体产权交易平台能够最大限度地发挥对农村集体产权交易服务机构的监管作用：一方面，农村集体产权交易平台对于农村集体产权交易相关事项能够了解和掌握，其对于中介机构经营行为的特征较为熟悉，因而具备对服务机构行使监管权力的能力；另一方面，农村集体产权交易平台对服务机构进行监管具备现实可行性。实践中，我国大部分农村集体产权交易平台都建立了相应的中介服务机构，这些服务机构可以是农村集体产权交易平台内部组建的，亦可以是农村集体产权交易平台引进的商业性的中介服务机构。因此，服务机构要么属于农村集体产权交易平台的组成部门，要么是与农村集体产权交易平台具有业务合作关系。就第一种情形而言，农村集体产权交易平台对其行使监督职责当无疑问。就第二种情形而言，农村集体产权交易平台与服务机构形成业务合作关系，这一合作关系建立意味着服务机构受农村集体产权交易平台委托和认可，为农村集体产权交易当事人提供相应的中介服务。在这一合作关系中，农村集体产权交易平台就服务机构向农村集体产权交易当事人提供服务应当向农村集体产权交易当事人承担一定的保证责任。即服务机构有违反法律或行政法规规定没有履行相应的服务职责、履行职责不符合约定以及在履行相应职责过程中基于过错给农村集体产权交易当事人造成损害的，农村集体产权交易平台应当承担相应的责任。因此，农村集体产权交易平台为了规避相应的风险，由其承担相应的监管职责具有一定的合理性和可行性。

（三）农村集体产权交易监管的职能

农村集体产权交易平台应当履行以下交易监管职能。

其一，交易主体准入监管。农村集体产权具有一定的公共属性，作为农村集体产权交易的当事人应当满足一定条件。市场准入审核是指市场管理主体对于农村集体产权出让方、农村集体产权交易相对人是否具备相应资质进行审查和核准的监督。实践中，各地政府关于农村产权交易的政策文件明确农村产权交易市场具有公益以及监督管理职能。例如，《石家庄市农村产权交易管理暂行办法》第4条规定，农村产权流转交易市场须坚持为农服务宗旨，突出公益性，不以盈利为目的。该规范性文件第7条规定，石家庄市农村产权交易监督管理委员会是全市农村产权流转交易的监管机构，负责农村产权流转交易行为的监督管理和指导。

对于农村集体产权出让方（或代理人），农村集体产权交易平台应当审核农村集体产权人对于农村集体产权交易是否经过集体决议通过进行审查，农村集体产权出让方（代理人）应当提供相应的证明材料。农村集体产权的出让方（代理人）证明其具有农村集体产权转让资格的，应当提交以下材料：主体资格证明或者其他有效证明、农村集体产权权属的有关证明、准予农村集体产权交易的有关证明。[①]农村集体产权交易平台应当对其予以严格审核。如果农村集体产权出让方（代理人）能够提供相应的证明材料证明农村集体产权的交易已经集体决议通过具有农村集体产权交易资格的，则农村集体产权交易平台应当允许其进入市场进行交易。对于农村集体产权受让

---

① 参见王智源：《亟需建立农村综合产权交易平台》，《产权导刊》2009年第12期。

人,农村集体产权交易平台应当审查其是否属于禁止作为法律、行政法规以及中央政策规定的农村集体产权受让人,如果农村集体产权受让人不属于法律、行政法规以及中央政策规定的禁止受让农村集体产权的主体,则应当允许其进入市场参与交易,否则,农村集体产权交易平台应当禁止其进入农村集体产权交易市场。例如,《陕西省人民政府办公厅关于引导农村产权流转交易市场健康发展的实施意见》明确规定,农村产权流转交易市场要依交易中心委托相关职能部门对产权流转申请材料依法对各类市场主体的资格进行审查核实、登记备案。产权流转交易的出让方必须是产权权利人。

农村集体产权交易平台在对农村集体产权交易主体监管过程中应当秉持公平理念,平等对待农村集体产权交易当事人,明确农村集体产权交易主体准入标准。在法律、行政法规没有对特定主体参与农村集体产权交易予以限制的情况下,不得随意提高交易主体准入标准或故意限制某一类主体参与农村集体产权交易。

其二,交易对象监管。农村集体产权交易平台应当对作为交易对象的农村集体产权是否符合法律、行政法规的规定进行监管。农村集体产权交易平台在组织交易当事人进行交易前,应当审查交易对象是否属于法律、行政法规规定不得进行交易的农村集体产权。如果交易对象属于法律、行政法规规定不得进行交易的农村集体产权(如集体土地所有权),农村集体产权交易平台有权终止该交易的进行。

其三,交易服务监管。农村集体产权交易平台对于其内部建立的交易服务机构,应当保障其具备相应的资质,监督交易服务机构履行相应的职责。其实施的交易服务行为违反法律、行政法规以及农村集体产权交易平台章程的规定的,农村集体产权交易平台应当纠正其不当行为并追究相关责任人的责任。农村集体产权交易平台在聘请商业化的市场服务机构为农村集体产权交易主体提供市场服务的情况下,需要对商业化的市场服务机构的营业资质、专业化水平、商业信誉以及服务收费标准等事项做出明确要求,对其经营行为实施必要的监督和管理。例如,《陕西省农村产权流转交易管理办法》第7条规定："与农村产权流转交易相关的资产评估、产权经纪、项目推介及其他中介服务机构应当具备下列条件：（一）依法批准设立，具有良好信誉和经营业绩；（二）遵守国家法律、法规、规章和政策；（三）承诺遵守农村产权流转交易机构制定的各项规章制度和业务规则；（四）承诺为农村产权流转交易活动提供优质服务。"

商业性的市场服务机构未履行尽职义务，不能依照合作约定为交易当事人提供市场服务或违反法律、行政法规在提供市场服务过程中存在不当行为的，农村集体产权交易平台应当果断制止并依照相关规定公正处理，不得徇私舞弊；情节严重的，农村集体产权交易平台可以与市场服务机构解除合作协议。农村集体产权交易服务机构的不当行为给农村集体产权交易平台造成损害的，应当承担违约责任或损害赔偿责任。例如，《江西省南昌市农村集体产权交易规则（试行）》第21条规定："进行农村集体产权评估的机构弄虚作假、徇私舞弊的，其评估行为无效；造成损失的，应当依法承担赔偿责任。"

农村集体产权交易服务机构的不当行为给农村集体产权交易当事人或第三人造成损害的，农村集体产权交易有过错的，应当承担相应的赔偿责任。[①]农村集体产权交易平台承担赔偿责任后，就超出其应当承担的损害赔偿份额部分有权向农村集体产权交易服务机构追偿。

（四）农村集体产权交易监管主体的监管权力

农村集体产权交易平台在组织交易过程中出现下列情形的，有权中止农村集体产权交易：一是有证据证明作为交易标的的农村集体产权存在权属争议的；二是相关管理部门决定中止交易的，但其需要书面方式向农村集体

[①] 江西省南昌市东湖区人民法院在"江西某建设工程有限公司与南昌市农村综合产权交易中心、南昌高新技术产业开发区昌东镇光明村民委员会合同纠纷案"中认为，农村集体产权交易平台依据交易方提供的信息材料发布竞价公告信息，且在竞价中没有过失的不承担民事责任。参见江西省南昌市东湖区人民法院（2019）赣0102民初7754号民事判决。

产权交易平台发出通知并说明理由；三是农村集体产权交易当事人、利害关系人向农村集体产权交易平台提出中止交易申请，经审查后认为其申请中止交易具有正当理由的；四是人民法院或仲裁机构发出书面通知要求中止交易的；五是当事人在交易过程中发生纠纷的；[①]六是农村集体产权交易平台认为应当中止交易的其他情形。[②]交易中止的，农村集体产权交易平台应当及时发布公告。农村集体产权交易平台应当针对中止事由进行核实调查，亦可以请求相关部门予以调查。农村集体产权交易平台应当依据调查结果决定交易是否进行或终止交易。为了提升农村集体产权交易效率，农村集体产权交易平台决定中止交易的期限应当不超过30个工作日，特殊情况下农村集体产权交易平台可以决定适当延长一定期限，但延长的期限不应当超过10个工作日。[③]农村集体产权交易平台应当及时将交易中止事由的调查结果予以公告并通知当事人。在中止事由消失后，农村集体产权交易平台应当及时恢复交易程序并及时告知交易当事人。超过中止期限后，中止事由未消失的，农村集体产权交易平台应当宣布交易终止。

农村集体产权交易平台在组织交易过程中出现下列情形的，有权终止农村集体产权交易：一是交易当事人不具有农村集体产权交易主体资格的；二是作为交易标的的农村集体产权不具备交易资格的；三是中止事由在规定的期限内没有消除的；四是交易当事人或利害关系人提出终止交易的；五是相关管理部门提出终止交易的，但其需要书面方式向农村集体产权交易平台发出通知并说明理由；六是人民法院或仲裁机构提出终止交易的；七是农村集体产权交易平台认为应当终止交易的其他情形。[④]农村集体产权交易平台决

---

① 参见《江西省南昌市农村集体产权交易规则（试行）》第23条。

② 参见《安徽省宣城市农村集体经营性资产流转交易规则（试行）》第21条；《贵州省瓮安县农村产权交易规则（试行）》第15条。

③ 参见《海南省三亚市农村产权流转管理办法（试行）》第23条、第24条；《宁夏回族自治区银川市农村产权流转交易服务管理暂行办法》第52条。

④ 参见《海南省三亚市农村产权流转管理办法（试行）》第25条；《宁夏回族自治区银川市农村产权流转交易服务管理暂行办法》第53条。

定农村集体产权交易终止的，应当及时发布公告并通知交易当事人。

农村集体产权交易平台在组织交易过程中发现农村集体产权交易服务机构具有违反法律、行政法规规定或是侵害农村集体产权交易主体合法权益的行为的，应当做如下处理：一是如果农村集体产权交易服务机构为农村集体产权交易平台内部的组织机构，则农村集体产权交易平台应当及时纠正其不当行为，依照法律、行政法规或章程规定对其实施相应的处罚；二是如果农村集体产权交易服务机构为农村集体产权交易平台引进的独立的法人主体，则农村集体产权交易平台应当及时纠正其不当行为并将其违反法律、行政法规规定或是侵害农村集体产权交易主体合法权益的情况报告给工商管理部门，由其按照法律规定对农村集体产权交易服务机构予以行政处罚。

三、农村集体产权交易多元化纠纷解决制度的建立

实践中，农村集体产权交易纠纷除了通过法院诉讼外，缺乏其他的纠纷解决途径。纠纷解决途径单一是农村集体产权交易纠纷制度面临的现实问题。众所周知，法院诉讼固然具有权威性，但是其成本高、耗时长的缺陷亦较为明显。以市场化为导向的农村集体产权交易更加强调纠纷解决的高效、便捷。因此，拓宽农村集体产权交易纠纷解决渠道，实现纠纷解决的多元化是农村集体产权交易纠纷制度建构应当秉持的方向。各地逐步探索多元化的农村集体产权纠纷解决机制。例如，《石家庄市农村产权交易管理暂行办法》第26条规定，在交易平台进行的农村产权流转交易过程中发生纠纷的，当事人应依法解决，可以通过协商解决，也可以请求农村集体经济组织、乡镇政府（街道办事处）等调解解决。当事人不愿协商、调解或协商调解不成的，可以根据双方合同约定申请仲裁或依法向法院提起诉讼。

借鉴农村土地承包纠纷解决机制的既有经验，确立农村集体产权交易纠纷仲裁调解制度，建立多元化的农村集体产权交易纠纷解决机制具有一定现实意义。

（一）农村集体产权交易纠纷解决机制多元化建设的必要性

实践中，农村集体产权交易纠纷除了通过法院诉讼外，缺乏其他的纠纷解决途径。纠纷解决途径单一是农村集体产权交易纠纷制度面临的现实问题。众所周知，法院诉讼固然具有权威性，但是其成本高、耗时长的缺陷亦较为明显。以市场化为导向的农村集体产权交易更加强调纠纷解决的高效、便捷。因此，拓宽农村集体产权交易纠纷解决渠道，实现纠纷解决的多元化是农村集体产权交易纠纷制度建构应当秉持的方向。借鉴农村土地承包纠纷解决机制的既有经验，确立农村集体产权交易纠纷仲裁、调解制度具有一定的现实必要性。

首先，建立多元化的农村集体产权交易纠纷解决机制能够有效降低交易纠纷解决的成本，提高交易纠纷解决的效率。随着农村集体产权交易数量的增加，农村集体产权交易纠纷产生的几率亦会随之增加。农村集体产权交易制度确立的功能在于使农村集体产权通过市场交易的方式实现保值、增值，实现资源的优化配置。双方在交易过程中产生纠纷，但是法律没有为双方提供有效的纠纷解决机制，则交易当事人的交易成本可能由此增加，当事人可能出于规避风险的本能而取消交易。如此一来，农村集体产权交易将受到不利影响。

其次，建立多元化的农村集体产权交易纠纷解决机制能够有效促进农村集体产权交易市场的健康发展。农村集体产权交易市场健康发展不仅仅意味着市场要素的齐备，还意味着公平合理的交易秩序的形成。其中，交易纠纷解决机制的建立是这一交易秩序形成的前提基础。如果没有良好的纠纷解决机制，农村集体产权交易过程中，农村集体产权交易当事人做出不正当行为的成本较低，交易当事人欺诈、投机等不当行为出现的几率会大幅增加，良好的市场交易秩序将无从确立。反之，如果农村集体产权交易市场有良好的农村集体产权交易纠纷解决机制作为保障，农村集体产权交易当事人如果在交易过程中作出不当行为，其应当承担相应的法律责任，同时，做出不当行为的交易当事人的商业信誉亦会因此受到影响，交易当事人作出不当行为的违法成本由此增加。因此，基于交易纠纷解决机制的约束，农村集体产权交易当事人作出不当行为的概率会大大降低，良好的市场秩序便因此而形成。可以说，多元化的交易纠纷解决机制的建立，使农村集体产权交易当事人能够从自身角度出发，依照法律所提供的纠纷解决机制方式进行有针对性的选择，在纠纷发生时能够及时、有效地解决纠纷，降低交易成本，满足交易当事人的合理预期，促进农村集体产权交易市场的健康发展。

再次，建立多元化的农村集体产权交易纠纷解决机制能够有效减轻审判机关的诉讼压力，为完善我国多元化的纠纷解决机制提供有益经验。当今时代，随着经济的快速发展，人们的权益保护意识不断增强，纠纷数量随之不断增加。传统的纠纷解决方式主要为诉讼。但是诉讼具有耗时长、成本高的缺陷。而在讲求效率和低成本的当代社会，诉讼作为主要的纠纷解决方式难以具有吸引力。同时，由于诉讼数量的增加，司法审判机关的工作量不断增加，其处于超负荷运转状态。这种情况下，建立多元化的纠纷解决机制就成为减轻司法审判机关工作压力的重要手段。农村集体产权交易在交易主体、交易对象等方面具有一定的特殊性。依据其交易自身的特殊性，探索除诉讼以外的其他纠纷解决机制具有一定的现实意义。农村集体产权交易制度在我国正处于逐步建立阶段，农村集体产权交易纠纷解决制度是农村集体产权交易制度的重要组成部分。借助于农村集体产权交易制度建立的契机，农村集体产权交易纠纷解决制度确立必将具有一定的创新空间。农村集体产权交易纠纷解决制度可以在借鉴其他纠纷解决制度的基础上拓宽纠纷解决渠道，建立多元化的纠纷解决机制。

（二）农村集体产权交易纠纷的仲裁制度

农村集体产权交易的主体、对象具有一定的特殊性。这一特殊性表现为农村集体产权交易的当事人往往是特定农村地区的集体经济组织、集体成员以及专门从事农业生产活动的工商企业。这些交易主体对于农村集体产交易情况往往比较熟悉，交易当事人对于纠纷解决的预期在于解决纠纷的迅速与纠纷解决的结果的公正性和权威性。纠纷解决公正性和权威性的实现，除了依靠权威的司法机关解决这一纠纷外，仲裁机构同样能够公平地解决纠纷，同时其纠纷解决亦具有权威性。因此，在农村集体产权纠纷解决过程中，仲裁亦是一种可靠的方式。

目前，我国尚未建立独立的农村集体产权交易仲裁体系。但是随着农村集体产权交易纠纷数量不断增长，探索农村集体产权交易纠纷仲裁机制的建立具有一定的现实必要性。农村集体产权交易纠纷仲裁机制的建立应当遵循因地制宜、实事求是的原则。也就是说，农村集体产权交易纠纷仲裁机制的建立无须遵循统一模式，各个农村地区根据自身的现实状况选择相应的仲裁机制建立的路径。具体而言：

首先，对于农村集体经济发展充分、良好的地区，在农村集体产权交易纠纷数量大幅增加的情况下，该地区的农业经济主管部门可以考虑建立独立的农村集体产权交易仲裁机构，专门承担农村集体产权交易纠纷仲裁职能。

其次，对于农村集体经济发展并不十分充分且农村集体产权交易纠纷数量较少的情况下，该地区的农业经济主管部门可以选择不建立独立的农村集体产权交易纠纷仲裁机构，而是选择将农村集体产权交易纠纷交由农村土地承包仲裁机构予以一并解决。这一做法的优势在于农村集体产权交易纠纷及时解决的同时，农业经济主管部门不用设立专门机构，农村集体产权交易纠纷解决的成本能够有效降低。农村地区建立独立的农村集体产权交易仲裁机构，该机构的组建单位应当为农村地区的农业经济管理部门。该仲裁机构的组成应当参照农村土地承包仲裁机构的组成标准执行。

农村集体产权交易纠纷仲裁制度的具体内容包括：仲裁委员会和仲裁员、仲裁的申请和受理、仲裁庭的组成、开庭和仲裁。仲裁委员会一般应当在设区的市或省设立。农村集体产权交易数量较少的地区，亦可以不设立独立的农村集体产权交易仲裁委员会，本地区的农村土地承包仲裁委员会承担农村集体产权交易仲裁的职能。例如，《江苏省政府办公厅关于促进农村产权流转交易市场健康发展的实施意见》明确指出，要依托农村土地承包纠纷调处仲裁机构，妥善解决农村产权流转交易过程中出现的各类矛盾纠纷。《江西省南昌市农村集体产权交易规则（试行）》第23条规定："在流转交易的过程中，发生流转交易纠纷的，当事人可以向农村综合产权交易中心申请终止；也可以依法申请仲裁或向人民法院提起诉讼。"可见，依托土地承包仲裁机构处理农村集体产权交易纠纷已经得到实践认可。

仲裁委员会应当下设相应的仲裁分支机构。农村集体产权交易仲裁机构的设立应当具有层次性。鉴于农村集体产权交易平台具有一定层次性，为了便于农村集体产权纠纷的解决，农村集体产权交易仲裁机构的设立应当与农村集体产权交易平台具有对应性，即农村集体产权在哪一级农村集体产权交易平台进行的交易，原则上该交易发生纠纷时，当事人应当在与其相对应的农村集体产权交易仲裁机构进行仲裁。当事人可以在仲裁协议中共同约定仲裁机构，当事人约定仲裁机构的，当事人约定的仲裁机构对于该纠纷具有优先管辖权。在实践中，各级农村集体产权交易仲裁机构在短期内不能完全建立，某一级的农村集体产权交易平台没有建立与之相对应的农村集体产权交易仲裁机构。这种情况下，农村集体产权交易纠纷当事人可以选择上一级农村集体产权交易平台相对应的农村集体产权交易仲裁机构，亦可以选择下一级农村集体产权交易平台相对应的农村集体产权交易仲裁机构。交易对象为不动产的，当事人可以选择该不动产所在的农村集体产权交易仲裁机构进行仲裁。

参照《中华人民共和国农村土地承包经营调解仲裁法》（以下简称《农村土地承包经营调解仲裁法》）第13条、第15条的规定，农村集体产权交易仲裁委员会的组成人员应当由当地人民政府及其有关部门代表、有关人民团体代表、农村集体经济组织代表、农民代表和法律、经济等相关专业人员兼任组成，其中农民代表和法律、经济等相关专业人员不得少于组成人员的二分之一。仲裁委员会选聘的仲裁员应当满足下列条件："（一）从事农村集体产权管理、经营工作满五年；（二）从事法律工作或者人民调解工作满五年；（三）熟悉农村集体产权交易、管理的相关法律以及国家政策的居民。"当事人申请农村集体产权交易的时效期间为三年，自当事人知道或者应当知道其权利被侵害之日起计算。诉讼时效期间的计算适用中止、中断的民事法律规定。当事人可以委托代理人申请或参加仲裁。当事人申请农村集体产权交易纠纷仲裁的，应当提供书面的仲裁申请书，提交书面的仲裁申请书确有困难的，可以提出口头申请。仲裁委员会应当将当事人提出的申请记入笔录。参照《农村土地承包经营调解仲裁法》第20条、第22条的规定，申请农村集体产权交易纠纷仲裁应当符合下列条件："（一）申请人与纠纷有直接的利害关系；（二）有明确的被申请人；（三）有具体的仲裁请求和事实、理由；（四）属于农村集体产权交易仲裁委员会（农村土地承包仲裁委员会）的受理范围。"仲裁委员会应当对当事人提出的申请予以审查，有下列条件之一的，仲裁委员会应当不予受理，已经受理的应当中止仲裁程序："（一）不符合申请条件；（二）人民法院已受理该纠纷；（三）法律规定该纠纷应当由其他机构处理；（四）对该纠纷已有生效的判决、裁定、仲裁裁决、行政处理决定等。"

参照《农村土地承包经营调解仲裁法》中有关仲裁庭的组成的相关规定，仲裁庭一般由三名仲裁员组成，首席仲裁员由申请仲裁的双方当事人共同选出，其余两名仲裁员由双方各自选定。权利义务关系明确、争议不大的仲裁案件，经过双方当事人同意可以由一名仲裁员仲裁，仲裁员可以由双方选定或是由仲裁委员会主任指定。对于仲裁案件的审理具有利害关系的仲裁员，当事人可以申请其回避，仲裁庭或仲裁委员会发现审理仲裁案件的仲裁员与该案件具有利害关系的，仲裁委员会主任有权要求其回避。仲裁委员会主任被申请回避的，由仲裁委员会全体成员决定其是否应当回避。仲裁案件应当公开开庭审理，涉及国家秘密、个人隐私等不宜公开审理的案件，仲裁案件应当不公开审理。当事人对于其提出的主张应当提供相应的证据。仲裁庭依据当事人的申请或认为有必要的情况下，可以自行收集相应的证据。在证据可能灭失或者以后难以取得的情况下，当事人向仲裁庭提出证据保全的，仲裁庭应当将当事人的申请提交证据所在地的基层人民法院。仲裁庭认定需要鉴定或当事人就相关事项申请鉴定的，鉴定应当由当事人共同选定的鉴定机关作出，当事人就鉴定机关的选定无法形成一致意见，由仲裁庭指定相应的鉴定机构。仲裁庭应当在一定期限内对农村集体产权交易纠纷作出裁决，案情复杂需要延长审理期限的，仲裁庭应当提请仲裁委员会，经仲裁委员会主任批准后方可延长审理期限，但延长期限不得超过一定期限。仲裁庭作出仲裁裁决后，当事人对于仲裁裁决不服的，可以在特定的期间向法院起诉。在特定的期间当事人未向法院起诉的，仲裁裁决发生法律效力。当事人一方不履行仲裁裁决，另一方当事人可以向其住所地基层人民法院或是农村集体产权所在地基层人民法院申请强制执行。

（三）农村集体产权交易纠纷的调解制度

除诉讼和仲裁外，农村集体产权交易纠纷当事人可以向特定机关申请调解，通过这一方式解决农村集体产权交易纠纷。农村集体产权交易纠纷当事人可以通过协议方式约定解决纠纷的方式为向特定机关申请调解，亦可以在农村集体产权交易合同中约定纠纷发生时优先通过调解方式解决。当事人还可以在纠纷发生后协商，通过调解方式解决这一纠纷。

实践中，部分地区主张农村集体产权交易纠纷由农村集体产权交易平台进行调解。例如，《浙江省杭州市关于规范农村产权交易管理的若干意见》明确规定，在杭州农交所进行产权交易过程中发生纠纷的，当事人可以向杭州农交所申请调解；《江西省人民政府办公厅关于引导农村综合产权交易市场健康发展的实施意见》亦明确赋予集体产权交易平台以纠纷调解功能。还有地区主张农村集体产权交易纠纷由农村集体产权交易平台或者农业经济管理部门进行调解。例如，《陕西省农村产权流转交易管理办法》第31条规定："在农村产权流转交易机构进行流转交易过程中，发生产权流转交易纠纷的，当事人可以向农村产权流转交易机构或者当地农村产权流转交易监督管理部门申请调解，也可以依据合同约定申请仲裁或者依法向人民法院提起诉讼。"

　　笔者认为，农村集体产权交易平台作为农村集体产权交易纠纷调解机构存在以下缺陷：其一，农村集体产权交易平台作为调解机构缺乏权威性。农村集体产权交易平台并非具有公权力的权力机关，其做出的调解对于调解当事人的强制拘束力不足。其二，农村集体产权交易平台作为调解机构缺乏公正性。农村集体产权交易平台是组织交易的机构，其在组织交易过程中对于交易过程以及交易双方的情况比较了解。因此，农村集体产权交易平台在组织双方进行调解前已经对调解结果形成预判，甚至对一方当事人形成偏见，调解结果的公正性可能受到影响。基于上述原因，农村集体产权交易平台不宜作为农村集体产权纠纷调解机构。

　　从农村集体产权交易实际出发，农业经济管理部门作为农村集体产权交易调解机构具有一定合理性：首先，农业经济管理部门作为公权力机关，其组织双方进行调解具有一定权威性；其次，农业经济管理部门没有参与组织农村集体产权交易，农村集体产权交易纠纷调解更加趋于公正。因此，农村集体产权交易纠纷的调解机关为各级农村经济管理部门更具合理性。农村集体产权交易纠纷当事人应当选择与农村集体产权交易平台相对应的农业经济管理部门进行调解。农业经济管理部门在实践中表现为不同部门。例如，湖北省政府办公厅发布的《关于推进全省农村产权流转交易市场建设的指导意见》中提出，省、市、州、县政府分别成立本级农村产权流转交易监督管理委员会（以下简称农监委）。省农监委负责全省农村产权流转交易市场的监督管理，各市、州、县农监委负责监督管理本辖区内的农村产权流转交易行为。各级农监委要开展定期检查和动态监测，及时查处各类违法违规交易行为，保障交易公平，防范交易风险，确保市场规范运行。探索建立农村产权流转交易市场行业协会，充分发挥其推动行业发展和行业自律的积极作用。这里的农监委即为农业经济管理部门，可以作为农村集体产权交易纠纷调解机构。《银川市农村产权流转交易服务管理暂行办法》第56条规定："交易过程中发生争议时，当事人可以向银川市农村产权流转交易监督管理委员会申请调解。也可以按照约定向仲裁机构申请仲裁或者向人民法院提起诉讼。服务中心做好纸质档案、音视频资料调阅等相关配合工作。"

农村集体产权交易平台没有与之相对应的农业经济管理部门的，农村集体产权交易纠纷当事人应当选择该农村集体产权交易平台的上一级农业经济主管部门或者下一级农业经济主管部门。

农村集体产权交易纠纷当事人一方或双方应当以书面形式向农村集体产权交易平台所对应的农业经济管理部门提出调解申请。当事人一方或双方亦可以口头方式申请调解，农业经济管理部门应当对当事人的陈述予以记录。农业经济管理部门在接到一方当事人书面或口头申请后，应当在七个工作日内向另一方当事人发出是否参加调解的书面通知。另一方当事人在接到通知后明确表示不同意调解的，农业经济管理部门应当及时告知申请人。另一方当事人在收到参加调解书面通知七个工作日内未明确表示是否同意调解的，农业经济管理部门视为其不同意调解，其应当将该情况通知申请人。另一方当事人在收到农业经济管理部门发出的通知后，七个工作日内表示愿意参加调解的，农业经济管理部门应当确定调解日期、地点，并将调解日期、地点以及相关注意事项以书面方式通知双方当事人；双方当事人申请调解的，农业经济管理部门应当在收到申请后七个工作日内将调解的时间、地点以及相关注意事项以书面方式通知双方当事人。双方或一方当事人在确定的时间没有参加调解的，视为放弃调解。

农业经济管理部门在调解前应当告知当事人享有的权利和应当履行的义务。农业经济管理部门调解人员应当引导当事人首先陈述农村集体产权交易纠纷产生的经过，了解纠纷相关情况；调解人员在了解相关情况后应当引导当事人列举相关证据并陈述诉求；调解人员根据当事人陈述以及提供的相关证据总结争议焦点并提出具体的调解方案。在这一过程中，农业经济管理部门的调解人员应当向当事人释明该调解方案的法律以及国家政策依据，耐心疏导。经调解后，双方当事人当场表示接受调解方案的，农业经济管理部门的调解人员应当引导当事人签订调解协议，调解协议的内容不限于调解方案中列举的内容。双方当事人当场表示不同意调解方案的，农业经济管理部门的调解人员应当引导当事人自主协商，当事人经协商后达成一致意见的，当事人应当依据协商内容签订调解协议。当事人表示需要时间考虑是否接受农业经济管理部门调解人员提出的调解方案的，农业经济管理部门调解人员应当允许，但考虑期限不应当超过十五个工作日。当事人在十五个工作日内未明确表示是否同意调解方案的，视为不同意调解方案。

双方当事人在农业经济管理部门调解人员的主持下达成调解协议的，农业经济管理部门应当为其制作调解书。农业经济管理部门的调解人员应当为双方当事人制作调解笔录。调解书应当以调解协议的内容为准，但是当事人在调解书形成前要求增加或减少相关内容并形成一致意见的除外。双方当事人应当在调解书上签字，农业经济管理部门应当加盖其公章。当事人有证据证明调解书的制作有违自愿原则或违反法律、行政法规的强制性规定的，可以向制作该调解书的上一级农业经济管理部门提出书面申诉。该农业经济管理部门应当在收到书面申诉之日起七个工作日内要求当事人提交相关证据并进行审查。该农业经济管理部门经审查后认为申诉成立的，应当责令制作调解书的农业经济管理部门撤销该调解书；该农业经济管理部门经审查后认为该申诉不成立的，应当驳回当事人的申诉。

调解书自送达当事人或其代理人时发生效力。调解书对于当事人具有法律拘束力，当事人应当按照调解书履行相应义务。一方当事人没有依照调解书履行相应义务的，另一方当事人可以要求其在一定期限内履行，超过这一期限仍不履行的，该当事人可以向人民法院申请强制执行。

（四）未经村民会议决议集体产权交易合同效力认定制度

农村集体产权是集体所有制财产的重要组成部分，是保障集体经济组织存续和运行的重要物质基础。在实施乡村振兴战略的背景下，壮大和发展集体经济是巩固脱贫攻坚成果，推动社会主义新农村建设的必由之路。随着我国农村经济社会的不断发展，农村集体产权的数量和价值亦随之不断增加^①。但是，由于缺乏市场化交易机制的作用和激励，实践中多数农村集体产权未能得到有效利用而处于"沉睡"状态，农村集体产权资源未能得到有效配置。^②部分地区的农村集体产权人怠于行使集体产权的监督管理职责，进而导致农村集体资产流失，严重损害了集体成员的合法权益。如何更好地发挥集体产权在壮大集体经济、保障集体成员的根本利益方面的作用是农村集体产权制度改革需要解决的现实问题。2016年中共中央、国务院发布的《关于稳步推进农村集体产权制度改革的意见》明确指出，农村集体产权改革应当适应健全社会主义市场经济体制新要求，探索农村集体所有制有效实现形式，盘活农村集体资产。"十四五"期间，深化农村集体产权制度改革仍然是农村改革的重点任务之一。以农村集体产权制度改革政策精神为指引，以市场化为导向盘活农村集体资产成为提高农村集体产权利用效率、防止农村集体资产流失、推进农村集体产权制度改革的有效路径。随着农村集体产权交易日趋活跃，农村集体产权交易纠纷的数量亦随之增加。诸多农村集体产权交易纠纷争议的焦点集中在如何认定非经民主决议集体产权交易合同的效力。人民法院对于这一争议形成的裁判观点将对农村集体产权交易起到司法导向作用，因而值得重视和研究。

农村集体产权是农村集体资产的法律表现形式。从类型化的角度出发，农村集体产权主要包括三类：一是土地资源性资产为客体的财产权；二是以集体经营性资产为客体的财产权；三是以集体非经营性资产为客体的财产

---

① 截至2019年底，全国无集体经济经营收入的村由2014年的32.3万个减少到2018年的19.5万个，集体经济经营收入在5万元以上的村由12.7万个增加到19.9万个。随着农村集体经济不断壮大，农村集体产权的数量和价值必然会随之增加。数据来源参见夏英、张瑞涛：《农村集体产权制度改革：创新逻辑、行为特征及改革效能》，《经济纵横》2020年第7期。

② 以河南省为例，截至2017年河南省农村集体经济总值除土地以外的账面资产达536亿元，村均资产116.5万元。大量的农村资产盘不活，难以发挥应有作用，严重阻碍了农村集体经济的发展壮大。丁浩：《产权交易平台助推信阳农村产权改革》，《农村·农业·农民》2017年第12期。

权。^①以集体所有的资产为客体的权利均属于农村集体产权。例如，集体所有的资金、集体对外投资所形成的股权。集体产权交易在法律制度层面表现为农村集体产权人对于农村集体产权的法律处分或在农村集体产权之上设立负担。^②因此，农村集体产权交易主要表现为转让农村集体产权或以农村集体财产为客体为他人设定相应的民事权利。其主要特征为：

一是就农村集体产权交易的主体为农村集体产权人以及集体成员或集体成员以外的主体。在农村集体产权制度改革前，农村集体产权交易多数在农村集体产权人与集体成员之间进行。随着农村集体产权制度改革的不断深化，农村集体产权交易逐步走向市场化，交易主体的范围随之不断扩大。农村集体产权人与集体成员以外主体之间的交易数量亦随之增加。

二是农村集体产权交易的对象为农村集体产权。与一般产权相比，农村集体产权往往具有权利主体的特殊性、产权种类多样、分布的非集中性的特质。

在司法实践中，法院对于如何认定未经村民会议决议农村集体产权交易合同效力产生分歧，形成了"无效说"与"有效说"两种观点。例如，内蒙古自治区高级人民法院在"托克托县古城镇西黑沙图村民委员会与云某安返还原物纠纷再审案"中认为，《中华人民共和国村民委员会组织法》（以下简称《村民委员会组织法》）第24条不属于效力性强制性规范，而是属于管理性的强制性规范，农村集体产权交易合同即使未经村民会议决议，该类合同亦为有效合同，故涉案的两个合同属于有效合同。^③而河南省高级人民法院在"安阳市殷都区西郊乡北流寺村民委员会、郭某玲租赁合同纠纷再审案"中认为，依据《村民委员会组织法》第24条，当事人双方签订的租赁协

① 参见方志权：《农村集体产权制度改革：实践探索与法律研究》，上海人民出版社2015年版，第34页。
② 民法视野下，依据大陆法系民法物债二分的基本特征，属于物权范畴的农村集体资产要依循物权设立、转让规则，以租赁等债权为表现形式的农村集体产权依循债权设立、转让规则。
③ 参见内蒙古自治区高级人民法院（2018）内民再63号民事裁定。

议未经村民会议讨论决定为无效协议。①其显然将未经村民会议讨论决定作为决定合同效力的考量因素。最高人民法院在"太原某房地产开发有限公司、太原市晋源区晋源街道庞家寨村村民委员会企业借贷纠纷再审审查与审判监督案"中，最高人民法院认为，该房地产公司与庞家寨村委会签订的《还款承诺书》中约定，庞家寨村委会自2011年9月20日起按照年利率15%向该房地产公司支付利息。依据《村民委员会组织法》第24条，还款利息的支付构成对集体资产的处分，这一决定应当经村民会议讨论决定。庞家寨村委会未能举证证明已经过庞家寨村民会议讨论决定，故该支付借款利息的约定无效。可见，最高人民法院在裁判中对于未经村民会议决议农村集体产权交易合同效力认定上支持了"无效说"这一观点。②

上述三个案件中交易合同的内容分别为集体土地租赁以及资金借贷利息的支付。集体土地租赁法律关系的建立意味着在集体土地之上设立租赁债权，集体土地所有权人取得租赁债权，该租赁债权属于集体产权。集体土地的租赁属于集体产权交易的范畴。支付资金借贷所产生的利息是对集体所有货币资产的处分，亦属于集体产权交易的范畴。因此，三个案件中交易合同均属于集体产权交易合同，其具有相同的法律性质。此外，上述集体产权交易合同共同点在于交易合同约定的交易事项未经村民会议讨论决定。三个案件争议焦点所涉及的交易合同具有相同法律性且具有均未经村民会议讨论决定的特征。在裁判对象具有同质性的情形下，最高人民法院与地方高级人民法院之间产生分歧。

这一裁判分歧的产生事实上与裁判者对于农村集体产权交易的认识存在着密切联系。改革开放初期，随着经济体制改革的不断深入，政社合一的人民公社组织被废除，以政经分离为指导思想的农村组织形式逐步确立。按照中央政策的精神，各类农村集体产权应当归入集体经济组织而与农村政治组织脱钩。但是受到当时历史条件的限制，在短时期内集体经济组织在我国

---

① 参见河南省高级人民法院（2021）豫民再11号民事判决。

② 参见（2020）最高法民申1042号民事裁定。

农村地区不能全面建立。因此，中央政策没有强制农村地区建立集体经济组织，而是允许各个地区根据自身的实际情况决定是否建立集体经济组织。[①]没有条件建立集体经济组织的农村地区，农村集体资产事实上归属于村委会等政治组织，由其负责管理、经营。集体经济组织成为农村集体产权的主体有利于集体产权摆脱行政权力的干预，为集体产权交易创造了一定条件，但是，由于缺乏中央政策以及法律的明确规定，农村集体产权交易仍然处于被禁止的状态。农村集体产权处于禁止流转的状态成为一种传统，禁止农村集体产权交易逐渐成为人们普遍接受的规则。

随着我国农村经济社会的不断发展，农村集体产权数量不断增加。但是这些产权是否可以通过交易方式实现自由流转，既有法律却没有予以明确规定。绝大多数情况下，囿于集体具有鲜明的公有制属性，农村集体产权的交易仍然被限制、被禁止或者被设定了苛刻的交易条件，使得集体产权价值趋于固化，难以发挥其应有的作用。自发形成的、非正式的农村产权交易机制固然在促进农村集体产权交易的过程中发挥了一定的积极作用，但是由于缺乏明确的规则指引以及有效的监督管理，这一交易机制不具有运行的稳定性和规范性，进而影响农村集体产权交易安全，抑制集体产权交易规模的扩大和交易效率的提升。这一时期，基于逐利性的动机，探索农村集体产权交易的实践活动日趋活跃，农村集体产权交易过程中形成的规则成为基于群体内演化而形成的内在规则，[②]在其作用之下农村集体产权禁止流转的传统观念逐渐松动。允许农村集体产权交易正逐渐成为人们意识中可以接受的规则。这一变化印证了这样一种论断：当人们面对一种既有规则，其亦能似乎看到另外一种对立的规则。规则只能展现其相对的稳定性，而流动且可变性才是

[①]　《中共中央关于一九八四年农村工作的通知》明确指出，政社分设以后，农村经济组织应根据生产发展的需要，在群众自愿的基础上设置，形式与规模可以多种多样，不要自上而下强制推行某一种模式。原公社一级已经形成经济实体的，应充分发挥其经济组织的作用；公社经济力量薄弱的，可以根据具体情况和群众意愿，建立不同形式的经济联合组织或协调服务组织；没有条件的地方也可以不设置。

[②]　参见［德］柯武刚、史漫飞：《制度经济学》，韩朝华，译，商务印书馆2000年版，第119页。

其永恒的特质。①传统观念与非传统观念之间形成了分歧。传统观念与非传统观念支配下的对于农村集体产权是否可以不受限制的交易的认识亦产生了分歧，法院裁判观点亦会受此影响。持"无效说"观点的裁判者具有一种受传统观念影响的保守主义倾向，而"有效说"观点的裁判者具有一种拜托传统观念影响非保守主义的倾向。

然而，在现代法治社会中，维护法律适用的统一是法院的主要功能。这一功能在具体案件处理过程中，即表现为除特殊情形外，法院裁判对于同一规范的理解和适用应当秉持一贯性。不同的法院对于同一规范的理解和适用没有贯彻这一原则即会造成法律适用的非同一性现象的产生。而这一现象的产生与人们对法律的预期——实现正义相背离，因为对相同事物进行相同处理是正义基本内涵。②因此，非经民主决议集体产权交易合同效力认定这一裁判分歧的产生不利于法律规范适用的统一。

我国没有以农村集体产权交易为核心内容的法律。但《村民委员会组织法》第24条规定："涉及村民利益的下列事项，经村民会议讨论决定方可办理：（一）本村享受误工补贴的人员及补贴标准；（二）村集体经济所得收益的使用；（三）本村公益事业的兴办和筹资筹劳方案及建设承包方案；（四）土地承包经营方案；（五）村集体经济项目的立项、承包方案；（六）宅基地的使用方案；（七）征地补偿费的使用、分配方案；（八）以借贷、租赁或者其他方式处分村集体财产；（九）村民会议认为应当由村民会议讨论决定的涉及村民利益的其他事项。村民会议可以授权村民代表会议讨论决定前款规定的事项。法律对讨论决定村集体经济组织财产和成员权益的事项另有规定的，依照其规定。"

立法者事实上将农村集体产权交易的规制纳入集体成员利益保护的范畴，其通过设置集体成员利益保护规范达到了规制农村集体产权交易的目的：

---

① 参见［美］本杰明·卡多佐：《司法过程的性质》，苏力，译，商务印书馆1997年版，第13页。
② 参见［古希腊］亚里士多德：《尼各马可伦理学》，廖申白译，注，商务印书馆2003年版，第132-134页。

其一，农村集体产权是集体对其享有的不动产、动产、债权、股权、知识产权等具有财产属性权利的总称。与一般性的产权交易不同，农村集体产权交易需要经过集体成员民主决议，原因在于，作为交易对象的农村集体产权具有一定特殊性：一是农村集体产权归属于农民集体。依据《民法典》第260条、第261条，农村集体产权的主体应当为农民集体。农民集体具有一定特殊性，即农民集体是由本集体成员组成，因而是具有复合性的主体。农村集体产权主体的特殊性决定了农村集体产权的处分应当经过集体成员民主决议。农村集体产权的主体为集体，而集体是特定区域内集体成员的集合体，集体产权主体的集合性决定了以集体产权交易为内容的意思表示需由组成成员或成员代表以决议的方式形成。农村集体产权交易需要集体产权主体——农民集体做出相应的意思表示。没有农民集体以农村集体产权交易为内容的意思表示的形成，农村集体产权交易便无从谈起。二是农村集体产权具有一定公益性特质。农村集体产权是特定区域的集体成员集体享有的产权，这一类产权具有保障集体成员生存和发展的基本功能，是壮大集体经济的重要物质基础。农村集体产权的交易往往会对集体成员利益产生重要影响。因而，农村集体产权交易需要经过农民集体成员的决议，以防止农民集体成员的合法权益受到不当侵害。因此，农村集体产权交易须经集体成员民主决议的本质特征与《村民委员会组织法》第24条通过村民会议决议方式实现保护村民利益的规范意旨相契合。

其二，农村集体产权交易在法律制度层面表现为农村集体产权人对于农村集体产权的法律处分。这一法律处分主要表现为转让农村集体产权或以农村集体财产为客体为他人设定相应的民事权利。依据交易相对人的不同，农村集体产权交易可以划分为农村集体产权的内部交易与农村集体产权的外部交易。农村集体产权的内部交易是指农村集体产权人与集体成员形成的以集体财产为交易对象的交易。例如，农村集体产权人将集体所有的土地承包给集体成员、向集体成员分配农村集体财产收益以及发放福利性补助金；农村集体产权的外部交易是指农村集体产权人与集体成员以外的主体形成的以农村集体财产为对象的交易。例如，农村集体产权人为集体成员以外的主体设定集体经营性建设用地使用权。从《村民委员会组织法》第24条列举的需经村民会议决议的事项来看，以借贷、租赁或者其他方式处分村集体财产属于集体产权交易范畴。其他未列举的农村集体产权交易事项亦可以归入"村民会议认为应当由村民会议讨论决定的涉及村民利益的其他事项"。《村民委员会组织法》第24条作为规制农村集体产权交易的法律依据具有一定的正当性和合理性。

《村民委员会组织法》第24条作为规制农村集体产权交易的法律依据虽然明确，但亦产生了如何认识村民会议决议对集体产权交易合同效力影响的问题，即农村集体产权交易涉及集体成员利益，须"经村民会议讨论决定方可办理"，但是并没有明确集体产权交易没有经过村民会议决议的法律后果：集体产权交易合同是否有效。《民法典》出台前，最高人民法院于2009年出台的《最高人民法院关于适用〈中华人民共和国合同法〉若干问题的解释（二）》第14条，合同只有违反法律、行政法规的效力性强制性规定才能认定合同无效，违反管理性强制性规定的不能认定合同无效。《民法典》第153条第1款规定："违反法律、行政法规的强制性规定的民事法律行为无效，但是该强制性规定不导致该民事法律行为无效的除外。"该规定虽然没有明确区分效力性强制性规定和管理性强制性规定，但从法律解释论角度出发，"该强制性规定不导致该民事法律行为无效的除外"的表述其实包含了进一步区分效力性强制性规定和管理性强制性规定的含义，所谓"该强制性规定不导致该民事法律行为无效"指向的是违反管理性的强制性规定的民事法律行为并不一定认定无效。[①]《民法典》第153条第1款但书表明，违反法律强制性规定的法律行为并非一概无效，某些法律强制性规定尽管要求民事主体不得违反，但是民事主体违反这一强制性规定并不导致法律行为无效的效果，而是应当由违法者承担相应的法律责任。例如，水果店销售农业种

---

① 参见王利明、杨立新、王轶、程啸：《民法学》（上），法律出版社2020年版，第213页。

子，其与农民签订种子买卖协议，其销售种子的行为超出其经营范围，应当承担相应的法律责任，但是其与农民之间签订的种子买卖合同并非无效。[①]这一规定事实上要求裁判者在判断强制性规范的效力时应当从规范目的角度出发，具体判断强制性规范所规制的对象究竟为何。从规范性质的角度来看，《民法典》第153条第1款但书的内容在一定程度上具有引致条款的性质，违反法律强制性规定的认定还要分析由其引致的其他的法律规范究竟属于何种强制性规范，产生怎样的效力。[②]

依据上述规定，法官在对未经村民会议决议农村集体产权交易合同效力认定的关键在于对《村民委员会组织法》第24条如何进行性质识别。法官如果将其认定为效力性强制性规范，则未经村民会议决议的农村集体产权交易合同将被认定无效。法官如果认定其为管理性强制性规范，则未经村民会议决议的农村集体产权交易合同将被认定有效。

这一裁判思路的应用虽然满足了形式逻辑的要求，但其仍然面临规范性质认定实质标准究竟为何的拷问。就未经村民会议决议集体产权交易合同效力的识别而言，《最高人民法院关于适用〈中华人民共和国合同法〉若干问题的解释（二）》第14条、《民法典》第153条第1款虽然明确了区分效力性强制性规定和管理性强制性规定的倾向，但是对于如何在裁判中认定某一规范是效力性强制性规范还是管理性强制性规范却没有予以明确规定，民法理论上亦欠缺较为一致的认识。[③]在法律规范层面，效力性强制性规范与管理性强制性规范仅仅具有形式区分的意义。在司法裁判过程中，对于该案件适用的某一规范究竟属于效力性强制性规范还是管理性强制性规范还需要法官作出实质性判断。在效力性强制性规范与管理性强制性规范的实质区分标准

---

① 参见黄薇：《中华人民共和国民法典总则编释义》，法律出版社2020年版，第408页。
② 参见苏永钦：《私法自治中的经济理性》，中国人民大学出版社2004年版，第34-35页。
③ 参见郑晓剑：《比例原则在民法上的适用及展开》，《中国法学》2016年第2期。

缺乏法律、司法解释明确规定的情况下，[①]法官在对某一强制性规范进行识别缺乏统一标准，不同的法官从不同的角度对某一规范的性质形成不同的认识，进而导致裁判分歧的产生。

从经验主义角度出发，法官处理一个案件时首先要通过自由解释制定法而不是单纯地抠字眼而获得一个规则，然后适用这一规则于特定的案件事实。[②]在对制定法进行解释的过程中，法官需要考量一些法律意义以及法律意义以外的会影响其裁判结果的要素。在这些要素中价值判断与公共政策的倾向是两个值得重视的要素。

非经村民会议决议集体产权交易合同效力认定涉及的法律价值判断问题是如何在保护集体产权，防止集体资产流失与维护交易安全、保护交易相对人之间做出选择。如果法律判断的价值倾向于前者，则未经集体成员民主决议的集体产权交易合同应当被认定无效；如果法律价值判断倾向于后者，未经集体成员民主决议的集体产权交易合同应当被认定有效。法律的价值判断需要综合考虑法律规范的宗旨、社会发展现实、法律适用合理性等多种要素。将《村民委员会组织法》第24条作为规制农村集体产权交易的法律规范，要求集体产权交易需要经过集体成员民主决议，其宗旨在于保护集体产权、防止集体资产流失。法官如果单纯地考虑这一因素，只要集体产权交易没有经过村民会议决议，集体产权交易合同就应当认定无效。但是，从社会发展以及法律适用是否合理角度，这一裁判理念显然过于极端。

就社会发展的现实状况而言，社会主义市场经济体制不断深化和完善，市场化交易规则的地位已经得到公认并得以巩固。随着中央关于农村集体产

---

① 由于法律及司法解释没有明确效力性强制规范与管理性强制性规范的区分标准，表明法律已经授权民事法官就法律行为的效力给出答案，此时民事法官亦非僭权。参见冉克平：《论效力性强制规范与私法自治——兼析〈民法总则〉第153条第1款》，《山东大学学报（哲学社会科学版）》2019年第1期。

② ［美］理查德·波斯纳：《法官如何思考》，苏力，译，北京大学出版社2009年版，第80页。

权改革政策的出台，农村集体产权交易得到政策的支持和认可。^①随着我国农村集体产权制度改革的不断推进，农村集体产权交易日趋活跃。保障农村集体产权交易规范而有序地进行是深化农村集体产权制度改革的重要措施。党的十八届四中全会明确提出，任何改革必须于法有据。农村集体产权的管理具有明显的科层制的特征，国家在确认和建立农村产权制度以及保障农民集体及其成员利益方面具有重要作用。以国家公权力为后盾的裁判机制对于引导、促进以及保障农村集体产权交易将起到重要作用。

由此可见，农村集体产权的功能不仅仅限于权利人对其以静态化的利用方式保障集体成员的生存和发展，而是具有了通过市场流通方式使其保值、增值，进而支持集体成员走向共同富裕、壮大集体的新的功能内涵。而农村集体产权参与市场交易必然需要遵循市场交易基本规则。维护市场交易秩序以及交易安全是最为重要的基本规则之一，是市场交易的核心规则。因此，在这一社会现实背景下，单纯以《村民委员会组织法》第24条的规范宗旨为理由认定未经村民会议决议的农村集体产权交易合同无效，彻底否定农村集体产权交易显然不合时宜。

从法律适用合理性角度出发，合同无效是法律否定合同正当性的最为严厉的手段。合同无效意味着当事人需要履行返还财产、赔偿损失等法定义

---

① 2014年国务院办公厅印发的《关于引导农村产权流转交易市场健康发展的意见》明确指出，引导农村产权流转交易市场健康发展，事关农村改革发展稳定大局，有利于保障农民和村集体经济组织的财产权益，有利于提高农村要素资源配置和利用效率，有利于加快推进农业现代化。2016年出台的《中共中央 国务院关于稳步推进农村集体产权制度改革的意见》明确指出，鼓励地方特别是县乡依托集体资产监督管理、土地经营权流转管理等平台，建立符合农村实际需要的产权流转交易市场，开展农村承包土地经营权、集体林权、"四荒地"使用权、农业类知识产权、农村集体经营性资产出租等流转交易。县级以上地方政府要根据农村产权要素性质、流转范围和交易需要，制定产权流转交易管理办法，健全市场交易规则，完善运行机制，实行公开交易，加强农村产权流转交易服务和监督管理。维护进城落户农民土地承包权、宅基地使用权、集体收益分配权，在试点基础上探索支持引导其依法自愿有偿转让上述权益的有效办法。农村集体产权属于农村产权范畴，中央政策鼓励农村产权的流转即意味着鼓励农村集体产权的流转。

务，加重了当事人的履行成本。同时，当事人的合理预期由于法律强制手段的介入而无法得到满足，当事人通过缔结合同所要达到的目标无法实现。因此，认定合同无效的适用应当具有歉抑性，其适用的范围应当具有明确而严格的界限。法官对于未经村民会议决议的农村集体产权交易合同不能一概认定无效，而是需要秉持尽量限缩认定合同无效范围的裁判理念。

未经村民会议决议农村集体产权交易合同效力认定的类型化应当以特定的外在的、可识别的要素为标准。农村集体产权交易合同本质上属于民事合同，虽然这一合同并非《民法典》中予以明确规定的典型合同，但是这一合同符合合同基本构成，其主要构成要素包括合同主体以及合同标的。两项基本要素亦是使其与其他类型的合同进行区分的重要标识性要素。民事合同这两项构成要素亦反映了"人"与"财"是市民社会两项基本构成要素的特征。[1]农村集体产权作为交易对象，其种类繁多，难以完全纳入合同效力评价范畴。相比而言，以交易相对人是否为集体内部成员为标准，农村集体产权交易合同可以分为内部交易与外部交易。交易主体的不同对于合同效力能够产生相应的影响。这一影响产生的原因在于基于农村集体产权的特殊属性，这一产权的交易要照护到集体及其成员的利益，交易主体的身份要素在此成为评价合同效力的重要因素。这一评价标准的确立符合现代合同法为保护特定主体（具体人格），在规则设计中注重对特定的主体进行保护的价值理念。[2]因此，合同主体作为未经村民会议决议农村集体产权交易合同效力认定的类型化的评价要素更为合理。依循此思路，未经村民会议决议农村集体产权交易合同效力认定应当依据如下情形进行认定。

其一，以全体村民为交易相对人的未经村民会议决议农村集体产权交易合同的效力认定。这种交易往往表现为村集体制定对于全体村民具有拘束力的方案，通过这一方案的执行实现交易目标。例如，村集体经济组织将集体所有的土地发包给村民（《农村土地承包法》第5条），这种交易行为表现

---

① 参见周江洪：《典型合同与合同法分则的完善》，《交大法学》2017年第1期。
② 参见崔建远：《合同法总论》（上卷），中国人民大学出版社2008年版，第13页。

为村集体经济组织以民主决议的方式制定发包方案，该发包方案对于全体村集体经济组织成员以及集体经济组织具有拘束力。发包方案发挥了农村集体产权交易合同的职能，发包方案的执行即可视为农村集体产权交易合同的履行。该类方案涉及全体村民的利益，其具有较强的公共属性。由于农村集体产权交易相对人为全体村民，不涉及善意第三人利益保护问题。此时，裁判立场应当倾向确保农村集体产权内部交易的公平、公正。因此，村集体对于以全体村民为交易相对人的农村集体产权交易方案的制定未经过村民会议决议的，应当认定该方案无效。

其二，以村民为交易相对人的未经村民会议决议农村集体产权交易合同效力认定。村民虽然是农村集体产权交易的相对方，但同时其亦是村集体成员。村民获得农村集体产权交易是否经过村民会议决议这一信息的成本较低。同时，村民作为交易相对人在集体产权交易没有经过村民会议决议的情况下，可以通过行使相应的集体成员权方式促进村民会议决议的形成。作为交易相对人其应当积极行使相应的集体成员权，促进村民会议决议程序的启动。在作为交易相对人的村民，不积极行使上述权利，意味着其对自己的权利不够关心，而法律不应当保护不关心自己权利的人。因此，在集体产权交易相对人为村民，该交易合同未经村民会议决议的，应当认定无效。但是，法官对于交易相对人为村民且未经村民会议决议的农村集体产权交易合同不能一概认定无效，还应当做如下考量。

一是法官在对交易相对人为村民个体且未经村民会议决议的农村集体产权交易合同效力进行认定时，应当衡量交易行为是否会对集体利益造成损害或有损害之虞。《村民委员会组织法》第24条"涉及村民利益的下列事项，经村民会议讨论决定方可办理"的表述体现了该规范具有保护村民利益的功能。但值得注意的是，由于个体村民利益具有复杂性和多样性的特征，抽象性的法律规范难以对其予以有效的严密保护。这里的"村民利益"应当解释为全体村民的整体利益。因此，以上述法律规范为依据认定农村集体产权交易合同是否有效，应当以该交易是否会对村民整体利益造成损害或有损害之虞为衡量标准。如果未经村民会议决议的农村集体产权交易合同不会对村民整体利益造成损害或有损害之虞，该合同应当被认定有效。这里的"损害集体成员整体利益或有损害集体成员整体利益之虞"应当以集体资产经过该交易后是否增加或减少为判断标准。如果农村集体产权交易能够使集体资产有所增加，则该交易不应当被认定损害村民整体利益或有损害村民整体利益之虞。例如，村委会在未经村民会议决议的情况下将村集体所有的土地出租，村委会按照合同约定收取租金，此时集体资产因租赁合同的履行有所增加，没有损害村民整体利益，因而不应当以该租赁合同未经村民会议决议而认定其无效。①如果农村集体产权交易使集体资产有所减少，则交易应当被认定损害村民整体利益或有损害村民整体利益之虞。

二是法官在对交易相对人为村民个体且未经村民会议决议的农村集体产权交易合同效力进行认定时，应当考虑该交易合同的履行情况。法官在否定合同效力时，应当考虑裁判的实际效果，即裁判否定合同效力不能造成过高的成本。如果执行认定合同无效的裁判的成本过高，则认定合同无效不具有正当性。例如，在集体土地租赁过程中，承租人在土地之上已经投入了大量资本修建工厂用于生产，虽然该租赁合同未经村民会议决议，但是该合同不能被认定无效。原因在于认定合同无效，意味着承租人要拆除已经修建厂房，出租人要返还承租人已经支付的租金。对于承租人而言，拆除厂房意味着遭受巨大损失；对于出租人而言，出租人极有可能已经将该租金用于其他用途之开销，其不得不采取对外借款方式获得资金用以返还租金，出租人的财务负担陡然增加。因此，未经村民会议决议的农村集体产权交易合同的当事人已经履行合同，认定合同无效将给双方当事人造成较高的执行合同无效法律效果的成本时，法官不应当认定该合同无效。②

三是法官在对交易相对人为村民个体且未经村民会议决议的农村集体产权交易合同效力进行认定时，还应当考虑当事人以未经村民会议决议为由主

---

① 参见河南省高级人民法院（2020）豫民申7300号民事裁定书。
② 参见江西省高级人民法院（2020）赣民申1480号民事裁定。

张农村集体产权交易合同无效是否有违诚实信用。法官在审理以未经村民会议决议为由主张农村集体产权交易合同无效案件过程中应当对于主张合同无效当事人是否具有下列情形进行审查：一是作为交易相对人的村民是否积极行使集体成员权，促使村民会议对于该合同进行决议；二是交易合同已经履行的情况下，该当事人是否在合理期间对合同未经村民会议决议提出异议。村民作为农村集体产权交易相对人，其未采取必要措施促使村民会议对于农村集体产权交易合同进行决议的，主张农村集体产权交易合同无效的，应当不予以支持。当事人任何一方在合同已经履行的情况下，在合理期限未提出异议，其行为使得对方当事人相信其对合同的效力和内容予以认可，因而形成了合理信赖。其主张合同无效显然与其行为相违背，违反诚实信用原则，其主张应当不予以支持。[①]

其三，以村民以外的主体为交易相对人的未经村民会议决议的交易合同效力认定。就交易相对人是村民以外的主体而言，法官在认定未经村民会议决议农村集体产权交易合同效力过程中，应当考虑如何在保护集体产权、防止集体资产流失与促进农村集体产权交易之间进行有效的平衡，而不能为了保护集体产权、防止集体资产流失而牺牲市场交易秩序和交易相对人的利益

[①]　山东省高级人民法院在"邹平市黄山街道办事处溪河村民委员会、邹平市某房地产开发有限公司（原邹平县某房地产开发有限公司）合资、合作开发房地产合同纠纷二审案"中认为，涉案合同签订于2010年10月，涉案工程中的高层商住楼、多层住宅均已完工。高层商住楼已售出，并由业主入住、使用；多层住宅楼经一审法院组织现场勘查，已符合入住条件；其商住楼完工后住宅楼部分已全部售出并由业主入住；高层住宅部分除4号楼外已全部售出，已由业主入住。而本案诉讼发生于2018年8月22日，溪河村委作为村民会议的召集主体和涉案合同的当事人，称对发生在其周围的、持续时间达八年之久的开发项目"不知具体细节"，本院不能认同。溪河村村委会以"未经村民会议讨论决定便已签订"涉案合同，"村集体并不知具体细节，已严重违反村民委员会组织法强制性规定，严重侵害村民集体利益"为由，主张涉案合同无效，本院不予支持。参见山东省高级人民法院（2019）鲁民终2461号民事判决。本案中，合同已经履行多年且村委会未就该合同未经村民会议决议提出异议，后又以该合同未经村民会议决议为由主张合同无效显然违反诚实信用原则。

简单地认定合同无效。^①因此，农村集体产权交易合同一方当事人为集体成员以外的主体的，未经村民会议决议的农村集体产权交易合同亦不应当认定无效。法官对于合同效力的认定应当依据具体情况加以认定。

一是在合同未履行的情况下，法官应当认定非经村民会议决议农村集体产权交易合同为效力待定合同。在理论上，对于违反法律强制性规定的法律行为赋予其效力待定的法律效果亦是一种合理的处理方式。^②合理期间内，村民会议成员可以对该交易合同进行表决，依据表决结果认定合同效力。^③同时，允许农村集体产权交易合同相对人依据《民法典》有关效力待定民事法律行为的相关规定行使催告权和撤销权。

二是在合同已经履行或已经履行完毕的情况下，当事人以及村民在合同履行过程中未就交易合同未经村民会议决议及时提出异议的，法官应当推定农村集体产权交易合同已经经过村民会议决议认可，该合同为有效合同，不得以该合同未经村民会议决议而认定该合同无效。

在成文法传统下，法律表述中的不确定性概念需要进一步阐述其含义，以达到准确适用的效果。裁判机关对于法律适用中的争议问题不能保持"沉默"，^④因此司法解释具有其不可替代的重要价值。就未经村民会议决议农

---

① 云南省高级人民法院在"开远市灵泉街道办事处南路村泸江村民小组、红河州某房地产开发有限公司合资、合作开发房地产合同纠纷二审案"中认为，泸江村民小组在本案中并没有主张该房地产公司在签订《合作补充协议》等系列协议时存在恶意，故泸江村民小组作为群众自我管理的基层自治性组织，其是否依法履行法律规定的民主议定程序，为其内部组织管理程序问题。如仅以其违反民主议定程序为由宣告合同无效，有碍交易的稳定性和安全性。参见云南省高级人民法院（2020）云民终30号民事判决。

② 参见苏永钦：《私法自治中的经济理性》，中国人民大学出版社2004年版，第34页。

③ 陕西省高级人民法院在"全某利与陕西某房地产开发有限公司房屋拆迁安置补偿合同纠纷再审案"中认为，拆迁过渡费问题涉及每户村民的利益，应当由每户村民与该房地产公司分别进行约定。由于范南村村委会与该房地产公司在签订《协议书》时，并未得到包括申请人全某利在内的所有村民的授权，范南村村委会与该房地产公司签订《协议书》的行为应属效力待定的民事行为，该民事行为经权利人追认后即为有效。参见陕西省高级人民法院（2018）陕民申1592号民事裁定。

④ 参见杨敬之：《论司法解释的合法性控制》，《政法论坛》2021年第2期。

村集体产权交易合同效力认定而言，法官对非经村民会议决议农村集体产权交易合同效力进行认定，倾向于对《村民委员会组织法》第24条进行规范识别，即明确其究竟属于效力性强制性规范还是属于管理性强制性。但由于缺乏判断效力性强制性规范还是管理性强制性规范的依据，法官对于某一规范是否属于效力性强制性规范还是管理性强制性规范的认定存在较大差异。因此，非经村民会议决议农村集体产权交易合同效力认定裁判效果的提升尚需明确该类案件的裁判依据——《村民委员会组织法》第24条的规范性质。最高人民法院应当通过制定相应司法解释的方式明确《村民委员会组织法》第24条的规范性质，即其究竟属于效力性强制性规范还是属于管理性强制性规范。

但鉴于《村民委员会组织法》第24条规范内容涵盖范围较广，最高人民法院不宜对这一规范的性质做笼统认定，而是应当借鉴类型化的裁判标准，同样进行类型化处理。

一是《村民委员会组织法》第24条中列举的"本村享受误工补贴的人员及补贴标准""从村集体经济所得收益的使用""本村公益事业的兴办和筹资筹劳方案及建设承包方案""土地承包经营方案""村集体经济项目的立项、承包方案""宅基地的使用方案"以及"征地补偿费的使用、分配方案"视为以全体村民为交易相对人的农村集体产权交易合同，其未经村民会议决议的，上述方案无效，该部分规范属于效力性强制性规范。

二是《村民委员会组织法》第24条中列举的"以借贷、租赁或者其他方式处分村集体财产"的交易合同，如果交易相对人为集体成员的未经村民会议决议的农村集体产权交易合同，应当认定无效。但是下列情况除外：一是该交易合同不会对村民整体利益造成损害或有损害之虞；二是该交易合同已经履行，执行法律确定的合同无效规则成本过高的；三是主张该交易合同无效的当事人有违诚实信用原则的。如果交易相对人为集体成员以外的主体，未经村民会议决议的合同未履行的，应当认定其为效力待定合同；已经履行且当事人在合理期限内未就合同未经村民会议决议提出异议的，应当认定该交易合同有效。

综上所述，《村民委员会组织法》第24条只是部分内容具有效力性强制性规范的性质，未经村民会议决议的农村集体产权交易合同无效情形范围得以限缩。

综上所述，未经村民会议决议农村集体产权交易合同的效力认定应当做类型化处理：一是以全体村民为交易相对人的未经村民会议决议农村集体产权交易合同无效；二是以村民为交易相对人的未经村民会议决议农村集体产权交易合同不能一概认定无效，而是应当充分考虑交易行为是否会对集体利益造成损害或有损害之虞、交易合同的履行情况；当事人以未经村民会议决议为由主张农村集体产权交易合同无效是否有违诚实信用原则；三是以村民以外的主体为交易相对人的未经村民会议决议的农村集体产权交易合同效力认定，在合同未履行的情况下，应当认定非经村民会议决议农村集体产权交易合同为效力待定合同，合同已经履行或已经履行完毕的情况下，当事人以及村民在合同履行过程中未就交易合同未经村民会议决议及时提出异议的，应当推定农村集体产权交易合同已经经过村民会议决议认可，该合同为有效合同。最高人民法院应当对于《村民委员会组织法》第24条的规范性质以司法解释的方式予以进一步明确，进而达到限缩未经村民会议决议农村集体产权交易合同无效范围的目的。

第七章

农村集体产权交易的

实践观察

——以吉林省农地流转实施为例

农地是重要的集体产权之一。吉林省位于我国东北地区，吉林省是农业大省，是我国重点建设的粮食主产区和主要的商品粮基地。截至2023年，吉林省共有县级以上示范农民专业合作社5557家，家庭农场5730家，同比分别增长13.3%和44.6%。农村集体产权制度改革效能增强，启动全国农村产权流转交易规范化整省试点；土地流转3 755万亩，占农村土地确权面积的56%，同比提高3.9个百分点；农业生产托管1 950万亩，同比增长7.7%。土地延包改革试点范围扩大，第二轮土地承包到期后再延长30年国家级试点由3个整村扩大到3个整乡；启动省级延包试点村14个。[①]近些年，吉林省以推进农地流转为中心，持续推进农村集体产权交易改革，取得了丰硕成果和有益经验。在取得既有成绩的基础上，吉林省以农村集体产权交易制度改革为契机，积极探索适合本地区的农村土地流转改革，力争实现土地资源的有效整合和利用，以农地流转进一步促进农村集体产权交易制度改革。

---

① 参见吉林省农业概况，http://agri.jl.gov.cn/zwgk/nygk/，2024年9月7日访问。

一、吉林省农地流转政策实施的目标指向

促进农地的规模化经营是吉林省农地流转政策实施所要实现的目标。吉林省在确保农地规模化经营方面采取相应措施。吉林省农业主管部门按照省委省政府的要求，坚持以稳定农村基本经营制度为基础，以建设农村土地流转市场服务体系为抓手，以建立农村土地流转有形市场为重点，以完善土地流转制度体系、服务体系、纠纷调处体系等为主要工作内容，不断加强对土地流转的管理和服务，积极引导多种形式适度规模经营，促进现代农业发展。

为贯彻落实中共中央办公厅、国务院办公厅印发的《关于引导农村土地经营权有序流转发展农业适度规模经营的意见》的精神，吉林省委省政府在深入调研、广泛征求意见的基础上，制定了《中共吉林省委吉林省人民政府关于引导农村土地经营权有序流转发展农业适度规模经营的实施意见》，该规范性文件明确了农地适度规模经营工作推进的原则，突出了改革重点，强调了农地适度规模经营工作的稳妥底线，具体内容包括：建立健全农村土地登记制度，鼓励多种形式、多主体的适度规模经营，加大对适度规模经营主体的扶持力度，立健全保障机制，加强农村土地流转管理与服务，加强农村土地流转行为监管。该规范性文件是新形势下指导吉林省农村土地制度和农业经营制度改革的重要文件，必将对进一步激发吉林省农村改革发展活力发挥积极的推动作用，为吉林省农地规模化经营改革工作的推进提供可靠的制度支持。

二、吉林省农地流转的制度前提与保障

促进农地流转的前提是实现农地产权的明晰。因此，吉林省将农地权利确权颁证工作与之同步推进，形成了农村集体产权改革全面推进的崭新局面。

吉林省农地确权颁证工作坚持依法依规、确保稳定、尊重历史、民主协

商、因地制宜等原则，从改革试点地区获取了宝贵的改革经验。全省农地确权颁证工作进一步落实到乡镇，以乡镇为基本单位开展工作。目前，吉林省基本完成土地确权颁证的工作。吉林省在农地确权颁证工作开展过程中主要采取了以下具体措施。

一是制定工作方案，明确试点范围。吉林省农地确权颁证工作办公室相关规范性文件从总体要求、基本原则、试点范围、主要内容、基本要求等方面对吉林省农地确权颁证工作进行了全面部署，明确了工作任务，细化了工作步骤、具体工作任务完成的时间节点，并对组织调度、部门责任、工作经费来源及分配、工作验收和信访维稳等方面工作提出了具体要求。该规范性文件提出，吉林省农地确权应当以乡镇为基本推进单位，以国土资源部第二次全国农地普查数据为基础，农地确权颁证工作开展之前，各级农业管理部门应当以本辖区内已经签订的土地承包经营权合同、已经发放的土地承包经营权证以及集体土地所有权确权登记成果为依据，采取符合规范标准且农民群众认可的技术方法，因地制宜开展农地实际测量，进一步查清辖区内各个承包地块面积、四至以及位置空间。农地实际测量结果经乡镇人民政府确认公示后，作为确认、变更、解除土地承包合同以及确认、变更和注销土地承包经营权的依据，为吉林省农地确权颁证提供了规范依据，有力地保障了这一工作的顺利开展。

二是组织经验交流，开展宣传培训。农地确权颁证工作的开展，需要大量的工作人员。可以说，人员的配备是农地确权颁证能否取得预期成果的关键因素。参与农地确权颁证的工作人员需要具备一定的专业知识和技能。除鼓励工作人员利用业余时间自主学习相关知识技能外，吉林省积极开展农地确权颁证工作人员培训工作，形成农地确权颁证工作人员三级培训体系，建立逐级培训制度。省级单位负责市县农地确权颁证骨干工作人员的培训；市县级单位负责乡镇农地确权颁证工作人员的培训；乡镇级单位负责村级单位农地确权登记工作人员培训。培训主要由吉林省农地确权办公室业务骨干为参与培训人员系统讲解农地确权颁证政策、确权颁证常用文书写作应用、农地确权颁证推广的技术、农地确权颁证数据库建立的注意事项以及农地确权颁证工作的具体流程。本次培训采取了集中讲授、现场观摩、专家现场解答等多种方式，极大地调动了参与培训人员学习的积极性。据统计，吉林省各级单位组织各类农地确权颁证培训班2 862期，培训各类人员475 550人次。培训人员在经过培训后，工作能力及业务水平明显提高，在农地确权颁证工作中发挥了重要作用。除组织农地确权颁证工作人员培训，吉林省在农地确权颁证工作开展过程中亦十分注重农地改革政策的宣传，为农地确权颁证工作的推进打下良好的群众。吉林省农业管理部门针对农地确权登记，累计发放各类宣传材料106.8万份，粉刷标语、悬挂条幅23 734条。吉林省宣传部门针对农地确权颁证工作编辑专报13期，宣传农地确权颁证工作。这些专报内容涵盖了农地确权登记颁证地区试点经验、工作规范以及工作开展情况等内容。这些宣传工作的开展，使得农民群众第一时间能够了解农地确权颁证政策信息，积极主动地配合农地确权颁证工作的开展。可以说，宣传工作为吉林省农地确权工作的顺利开展起到保驾护航的作用。

三是加快推进步伐，确保政策落实。吉林省自开展农地确权颁证工作以来，各级部门全力配合确保这项工作的顺利进行。吉林省委省政府对农地确权颁证工作做出了总体部署并对抓好落实这项工作提出明确要求。为了落实省委省政府的要求，吉林省多次召开落实农地确权登记颁证工作会议。来自各个地区市、县农业分管领导及负责人共300余人参加会议。公主岭、梅河口、柳河、蛟河以及四平铁西区等农地确权颁证试点地区的会议代表进行了经验分享，他们结合本地区农地确权颁证工作经验，对吉林省农地确权颁证工作提出了许多宝贵的意见和建议。为了确保农地确权颁证工作落实到位，按期完成农地确权颁证工作任务，近年来，全省县乡共组织召开农地确权颁证工作会、座谈会、现场部署会以及工作动员会418次，农地确权颁证工作已经在全省310个镇的3 407个行政村有序开展。

四是把握工作重点，保障工作经费。吉林省农地确权颁证工作以试点地区经验为基础，各级农业主管部门结合本地区实际以及农地确权颁证工作的特点，确定工作重点。吉林省农业主管部门通过实际调研以及与各个地区农地确权工作人员交流，将清查实测、登记发证两项任务作为吉林省农地确权颁证工作的工作重点。清查实测是农地确权颁证工作开展的基础。农地权利的确定是以清查实测获得的农地数据为依据，农地权利能够清楚地界定与清查实测有直接的关系。因此，只有清查实测工作顺利完成，农地确权颁证工作才能顺利开展。在农地确权颁证工作开展过程中，吉林省农业主管部门提出，农地清查实测工作应当以"公平、公开、公正"为基本原则。公平原则要求各级各地区农业主管部门应当通过规范化、透明的程序确定具有土地测量资质且信誉较好的机构或单位从事农地测量工作。各级农业管理部门工作人员参与并监督农地测量单位的测量工作，同时对测量数据进行进一步核实、整理，最终形成农地测量数据，进而保证农地测量数据的真实性、有效性。登记发证工作是农地确权颁证工作的核心内容。依据农地测量数据，吉林省各级农业管理部门在登记颁证过程中，明确工作的实践节点和程序步骤，集中人力物力，确保登记颁证工作不跑偏、不漏项、不走弯路。目前，吉林省各地已经基本完成登记颁证工作，农地确权登记已经转入业内编辑、审核公示阶段，后续工作正在筹备阶段。除确定农地确权颁证工作的工作重点外，吉林省各级财政部门根据省委省政府的指示，全力保障农地确权颁证工作所需资金落实到位，并将农地确权颁证工作试点地区经费的保障作为工作重点，坚持足额保障试点地区工作经费。对于农地确权颁证工作推行的试点地区，吉林省按照各地农村集体耕地统一标准给予经费补助，各个地区根据本地区实际情况对上述标准予以适当调整。

五是强化制度建设，保证工作有序开展。制度是农地确权颁证工作开展的重要保障。为了保证农地确权颁证工作的顺利进行，吉林省农业管理部门建立三项长效机制：一是建立农地确权颁证工作周报制度。吉林省农地确权管理积极探索确立农地确权颁证宣传、农地实际情况调查摸底、农地清查实测、农地确认公示以及农地登记建档5个方面的周报制度。吉林省农业主管部门对各个地区每周上报的工作开展情况予以汇总并进行总体分析，全面掌握工作进度，对各个地区农地确权工作进行有效监督，针对工作中发现的问题及时调整策略，保证各级农地确权颁证工作协调开展。二是建立定期督导检查制度。吉林省农业主管部门针对农地确权颁证工作，确立了"分级组织、分段实施"的督导检查工作机制。省级农业主管部门负责督导全省农地确权颁证工作；市农业主管部门负责县、乡两级农地确权颁证工作；县、乡负责村级农地确权颁证的督导工作，进而形成三级督导模式。吉林省农业主管部门的三个工作督导组成立后，对各个试点地区农地确权颁证工作进行了检查监督。督导组主要针对农地确权颁证资金落实、保险以及确权颁证工作体系性整改状况进行检查督导，确保全省农地确权颁证工作的有序开展。三是建立各个地区情况通报制度。吉林省农业主管部门要求各地区针对农地确权颁证工作中出现的紧急情况，第一时间予以通报，对于本地区农地确权颁证工作中取得的好的做法应当及时总结，并将总结好的经验及时上报省农业主管部门。省级农业主管部门对于各地区上报的较好的经验以简报的形式向各个地区推广。对于确权工作推进缓慢、推进不力的地区点名通报全省。市县一级亦根据自身情况制定了领导责任制、定期通报报告以及确权颁证工作绩效考核制度。对于农地确权颁证工作中出现的群众反映强烈的问题，省市两级建立了定向信访制度。按照省委、省政府信访工作的要求，农地确权颁证要加大维稳力度，确立早排查、早发现、早介入、早解决的工作态度，抓紧抓住纠纷矛盾焦点，畅通信访渠道，建立长期的调处机制以及应急预案。经过省、市、县、乡、村各级共同努力，农村土地确权试点工作平稳推进，未发生大规模群体事件。

在此基础上，吉林省加强农地流转规模化经营的统计及调研工作，夯实农地流转的制度前提。为了进一步加强吉林省农地流转规模化经营的统计及调研工作，吉林省农经总站印发了《吉林省农业委员会办公室关于开展农村土地流转规模经营有关情况统计调研工作通知》。依据这一规范性文件的要求，吉林省各级农业主管部门在吉林省农经总站的统一组织下，开展了全省范围内的农村土地流转规模经营常态化的统计和调研工作。随着这项工作的开展，吉林省农地规模经营的实际情况为农业管理部门所掌握，为促进农地规模化经营工作的开展打下良好的基础。此外，搭建农地适度规模经营服务平台成为吉林省努力推进农地适度规模经营工作顺利开展的重要举措。吉林省财政部门将现代农业发展引导资金专门划定资金用于安排农村土地适度规模经营，专门用于农地适度规模经营服务平台建设，构建覆盖省、市、县、乡四级的农地适度规模经营服务体系。这一服务体系的主要功能在于实现农地流转登记备案、农地流转信息收集及发布、农地流转合同签订指导、农地流转以及农地规模化经营法律政策咨询、农地流转价格指导评估以及农地流转纠纷调解服务。农地流转作为农村集体产权交易的重要方式，农地流转主要依托农村集体产权交易平台进行。在省级层面，省政府成立农村产权交易监督管理委员会，负责全省农村产权交易工作的组织领导和综合协调。省农业农村厅等部门依法依规对全省农村产权流转交易工作进行行业管理和业务指导。吉林省农村产权交易市场有限公司作为省级平台，按照交易规则、系统建设、信息发布、交割结算、交易鉴证、服务标准"六统一"要求，承担全省农村产权交易及市场建设工作，形成省、市、县、乡互联互通和综合性、多功能、一体化的农村产权流转交易市场体系。市（州）政府指定农业农村等部门建立信息服务平台，负责辖区内产权交易的日常监管、政策宣传、指导服务、数据统计等工作，推动辖区内农村土地确权信息、流转信息、农村资产资源信息等与市场互联互通。县级农业农村（农经）部门建立交易服务中心，负责宣传产权交易政策，组织培训乡村业务人员，审核交易标的权属、受让方资格、土地规划和用途等交易资料和信息，组织招标及采购项目预决算及审核、业务指导、政策咨询和监督管理。乡镇政府（街道）指定农业农村行政或事业单位为市场乡镇（街道）工作站，负责组织村社干部培训和产权进场交易，对交易基础资料和信息进行查验、审核、登记，录入全省统一的交易系统，同时开展产权交易咨询、资料归档备案和纠纷调处等工作。

吉林省农地规模化经营服务体系已经初具规模。随着农地规模化经营服务体系的不断完善，吉林省农地规模化经营必然能够实现快速发展。

在具体工作开展方面，吉林省在既有农地确权颁证工作基础上，积极探索，加强管理，努力推进土地承包权证与土地经营权证两证颁发工作，实现农地"三权分置"改革与农地确权颁证有效结合，吉林省在梅河口市、公主岭市以及其他具备颁发土地承包权证与土地经营权证条件的试点地区采取整体推进策略，开展颁发土地承包权证与土地经营权证工作。试点地区的农户成为吉林省首批获得土地承包权证与土地经营权证的农户。吉林省农业主管部门针对颁发土地承包权证与土地经营权证工作中遇到的问题和困难，积极采取以下措施予以应对。

一是制定工作规范。吉林省农业主管部门在深入调研和广泛征求意见的基础上，以吉林省农村土地确权领导小组的名义出台了《吉林省农村土地承包权经营权证试点管理办法（试行）》，该规范性文件明确了土地承包权和土地经营权证书内容和权利范围、证书申请颁发程序、权利变更注销情形、相关流程以及权利证书日常管理等方面内容。依据该规范性文件，农村土地承包权证颁发给农户，承包权人依法享有承包地被依法征用的补偿请求权、转让或互换承包权的权利以及依据《农村土地承包》的相关规定应当享有的权利。土地经营权证的发放采取两种形式：一是对于承包农户自行经营承包地，土地经营权证发放的对象为农户；二是对于农户转让承包地的土地经营权，但承包农户与发包方的承包关系未发生变更的情况，土地经营权证的颁发对象为实际享有土地经营权的权利主体。土地经营权人享有经营土地的自主权、转让和抵押土地经营权的权利以及其他依据法律、行政法规以及本省出台的规范性文件所享有的其他权利。土地承包权与土地经营权证的颁发一方面打消了农户流转土地后怕失去土地权利的担忧，解决了农户不敢长期流转土地的现实问题；另一方面消除了土地经营者由于担心农户随时收回土地，不敢对土地进行长期投资的顾虑，加强对土地经营权人合法权益保障的同时，客观上促进了农业生产效率的提高。可以说，土地承包权与土地经营权证的颁发，使农户和土地经营者都吃上了"定心丸"，促进了农户和土地经营者关系的协调发展。

二是加强日常管理工作。为了稳步推进土地承包权和土地经营权颁证工作，

吉林省农业主管部门对于省内各级农业主管部门在土地承包权和土地经营权颁证工作中的职责予以明确：县级以上人民政府农业行政主管部门承担农村土地承包权以及土地经营权证的申请、变更、注销管理职责；乡镇人民政府农村经济管理机构承担本辖区内农村土地承包权证以及土地经营权证的申请、变更、注销的受理、初审、报送、备案等相关日常工作。土地承包权证与土地经营权证的颁发机关与以往土地承包经营权证的颁发机关保持一致，保证了农地确权颁证工作的稳定性和连续性。吉林省农业管理部门对于土地承包权证与土地经营权证进行了精心设计。土地承包权证与土地经营权证在证书编号、封皮颜色以及证书记载内容上均具有区别。就证书编号而言，土地承包权证与土地经营权证的编号同为20位，两种证书的前19位相同，土地承包权证最后一位编号为字母"C"，土地经营权证最后一位编号为字母"J"。这种编号编排在形式上使土地承包权证与土地经营权证保持了一定联系的同时，又对两者进行了有效区分。就证书封皮颜色而言，土地承包权证的封皮为红色，土地经营权证的封皮为绿色。就证书记载的内容而言，对农户以家庭承包方式获得承包地且未流转土地经营权的，土地承包权证和土地经营权证同时颁发给该农户。农户以家庭承包方式获得承包地，但将承包地以出租、转包等方式流转给他人的，土地承包权证颁发给农户，以租赁、转包等方式获得承包地的农地经营人将获得土地经营权证。为了配合土地承包权证与土地经营权证颁发工作的顺利开展，乡镇人民政府农村经济管理机构建立了土地承包权与土地经营权登记簿。依据试点地区工作方案的要求，县级人民政府农村土地承包管理部门应当按照省农村土地确权工作领导小组印发的《吉林省农村土地承包权经营权试点管理办法（试行）》的要求，建立健全土地承包权与土地经营权登记簿并按照该文件的要求，进行土地承包权和土地经营权的确权、变更以及注销登记。已经建立土地承包权和

土地经营权的农村地区要结合试点确权颁证工作的开展，进一步健全、完善土地承包权与土地经营权登记系统。没有建立土地承包权与土地经营权登记系统的农村地区，要以本辖区内已经签订的承包合同、已经颁发的土地承包经营权证记载的承包地的具体情况，结合依法确认的实际测量的农地面积、空间以及位置等登记信息，抓紧建立土地承包权与土地经营权登记系统。农地土地登记管理由原来单一的土地承包经营权登记演变为土地承包权登记与土地经营权二元制的农地登记。建立土地承包权与土地经营权二元制的土地登记系统，有利于实现土地承包权的稳定，有利于保障农村集体经济组织的利益。同时，土地经营权登记簿的建立有利于土地经营权人合法权益的保护，促进土地经营权的再次流转。土地承包权与土地经营权证的颁发，使农地"三权分置"改革真正落到了实处，切实解决了土地经营权与承包权发生分离，但无法登记的现实问题。土地经营权登记制度的建立使得农地权利更加清晰化，农地管理部门能够及时掌握本地区土地经营权流转的现实状况，实现了土地管理与土地流转实践相统一。

三是推进农地登记的信息化管理。吉林省农业管理部门提出，按照国家统一部署要求，建立全省统一的、涵盖省、市、县互联互通的农地确权信息数据库和业务管理系统，搭建共享应用平台，实现土地承包合同管理、农地权属登记、土地经营权流转以及农地流转纠纷调处等工作业务的信息化。各级农业主管部门应当加强对农地权利登记涉密信息、资料和数据的管理，切实按照有关法律法规的要求做好安全保密工作，确保农地确权颁证信息与不动产登记信息平台形成有效对接，促进农地权利登记信息的共享。

四是加强农地确权颁证相关资料的管理归档。在开展农地确权颁证工作过程中，吉林省农业主管部门要求各级农业主管部门应当做好农地确权工作文件材料的收集、整理工作。农村土地确权工作档案应当由土地登记机关负责收集和集中保管，并依法按时移交给同级国家综合档案馆。农地确权工作过程中形成的数据信息、电子文件等材料，需要按照相关标准整理后向同级国家综合档案馆移交备份。

三、农地流转的新形式的探索：农地抵押

土地经营权贷款抵押工作的开展是吉林省推进农村集体产权流转制度建设而进行探索的农地流转的新的形式。

首先，出台规范性文件保障土地经营权贷款抵押工作的顺利开展。允许土地经营权抵押是中央农地"三权分置"政策确定的既定改革方向。吉林省为了响应这一改革精神，缓解农民贷款难，有效解决农业生产资金短缺的现实问题，积极探索建立土地经营权抵押制度。在推进土地经营权贷款抵押工作阶段，吉林省在28个市县建立了农村土地经营权抵押贷款试点。吉林省委省政府在广泛调研的基础上，制定了《吉林省农村土地经营权抵押贷款工作方案（试行）》，其具体内容包括：土地经营权抵押贷款工作的指导思想、土地经营权抵押贷款工作的基本原则、土地经营权抵押贷款概要、土地经营权抵押贷款办理流程、土地经营权抵押贷款工作开展的时间规划、土地经营权抵押贷款试点范围以及土地经营权抵押贷款涉及的其他事项。这一规范性文件对于土地经营权抵押贷款的条件做出详细的规定：已经完成土地承包经营权确权登记颁证的农户，持当地县级人民政府所颁发的《农村土地经营权证》以及贷款银行所需要的其他材料到当地指定的金融机构营业网点申请土地经营权抵押贷款；未完成土地承包经营权确权登记颁证的农村地区农户，如果农户自行经营承包地，申请土地经营权抵押贷款，需要提供土地承包经营权证或土地承包合同以及贷款银行所需要的其他材料。如果农户已经将土地经营权以租赁、转包等方式流转给他人的，获得土地经营权的农户或其他农业经营主体需要提交《农村土地经营权证明申请书》和贷款银行所需要的其他材料。土地承包经营权贷款发放的对象为依托农村土地开展农业生产经营的农户、专业经营户、家庭农场、合作社、农业产业化龙头企业等农业经营主体。上述贷款发放对象应当满足以下条件：一是具有较为丰富的农业生产经验和较为先进的农业生产技术，从事种植业经营的期限不低于2年，

从事养殖业的期限不低于3年；二是从事农业生产经营的自有资金投入比例不低于30%；三是以流转方式取得土地经营权的农业生产经营主体，其取得的用于种植粮食作物的面积不低于100亩，其取得的用于种植蔬菜或其他经济作物的面积不低于50亩，其取得的用于修建温室大棚或用于种植花卉、林果、苗木、人参等特种农业作物的面积不低于5亩，其取得的用于修建鱼池、网箱承包水面的面积不低于5亩，承包取得的湖泊、水库以及河流用于水产养殖的水面面积不低于500亩。农户自主经营承包地以土地经营权抵押取得贷款的，其取得的用于种植粮食作物的面积不低于50亩，其取得的用于种植蔬菜或其他经济作物的面积不低于25亩，其取得的用于修建温室大棚或用于种植花卉、林果、苗木、人参等特种农业作物的面积不低于2.5亩，其取得的用于修建鱼池、网箱承包水面的面积不低于25亩，承包取得的湖泊、水库以及河流用于水产养殖的水面面积不低于250亩。土地经营权抵押贷款主要用于借款人从事农业生产的投入，具体包括：土地整理与复垦；道路、灌溉、温室大棚等农业生产所需要的基础，设施建设；仓储、物流等流通环节所需费用的支出；土地经营权人取得土地经营权的相关费用以及支付后续租金，扩大农业再生产费用。就贷款偿还期限而言，贷款期限不应超过土地承包合同所确定的流转期限以及土地经营权所确定的期限，贷款应当于上述期限届满前3年偿还。分期偿还贷款的借款人，应当于上述期限届满前1年偿还。从事种植玉米、水稻等生长周期为一年以内的农作物的农户，贷款主要用于支付农业生产资料费用以及人工费的，贷款期限不超过1年；对于贷款用途为支付农地基础设施建设、土地整理和复垦、购置农业生产资料以及农业生产设备、支付农产品仓储物流费用，支付生长周期较长的林果、苗木培育费用的，贷款偿还期限最长不超过5年；贷款主要用于支付土地经营权费用的，贷款偿还期限最长不超过5年。就贷款额度和利率而言，该规范性文件认为，农地贷款额度应当根据借款人实际资金需求、偿还贷款的能力以及抵押贷款的土地经营权的评估价值等因素加以确定，贷款最高限额不超过借款人农业生产经营收入现金流的50%。自然人客户单户贷款额度不超过1000

万元。贷款利率原则上以中国人民银行确定的人民币贷款基准利率基础上上浮30%的额度确定。如果中国人民银行调整人民币贷款基准利率，贷款利率按照借款约定的额度执行。

吉林省在榆树等28个市区、县设立了土地经营权抵押贷款试点，这一规范性文件的出台为土地经营权抵押贷款试点地区设立以及土地经营权抵押贷款工作的进一步开展提供了现实可靠的规范依据。除制定上述规范性文件外，为了进一步保障土地经营权抵押贷款试点工作的顺利开展，为省内各个农村地区统一土地经营权证明格式以及土地经营权抵押贷款办理流程，进一步明确省内各个农村地区土地经营权流转区域价格，吉林省农业委员会依据《吉林省农村土地经营权抵押贷款工作方案（试行）》精神，分别制定了《农村土地经营权证明办理流程（试行）》《农村土地经营权抵押登记流程（试行）》《农村土地经营权区片流转指导价格认定公布办法（试行）》。除上述规范性文件外，吉林省农委还下发了农村土地经营权证明申请书等7种配套文书。为了配合《农村土地承包法》《土地管理法》修订工作，深入贯彻新修订的两部法律中与农村土地管理以及农村土地承包相关的修订内容，上述文件在既有基础上进行集中修订，以适应修订后的法律适用的现实要求。

（一）农村土地经营权证明办理流程

为积极稳妥推进农村土地经营权抵押贷款工作，规范全省农村土地经营权抵押贷款相关工作，全省农村土地经营权抵押贷款中土地经营权认定依据为土地经营权证。未发放农村土地经营权证的地区，由乡镇土地管理部门经乡镇人民政府批准后统一出具农村土地经营权证明作为抵押贷款认定依据。村集体经济组织（发包方）和乡镇土地承包管理部门按照下列程序办理农村土地经营权证明。

1.申请人提交材料

申请人向村集体经济组织（发包方）提交的材料：申请人向集体经济组

织（发包方）申请办理农村土地经营权证明，在提交《农村土地经营权证明申请书》（一式三份）外，还需提交以下材料：

（1）以家庭承包方式取得土地经营权的家庭承包农户为农村土地经营权人的，需要提供：承包户代表身份证、户口本原件以及三份复印件、土地承包合同、土地承包经营权证原件及三份复印件。

（2）以流转方式取得的土地经营权的土地经营权人需要提供：土地经营权人身份证、户口本以及三份复印件、经乡镇土地流转管理服务中心备案的农村土地流转合同原件以及三份复印件。

（3）申请人向乡镇农村土地承包管理部门提交的材料

申请人向乡镇农村土地承包管理部门申请办理农村土地经营权证明，需提交经村集体经济组织（发包方）确认的《农村土地经营权证明申请书》（一式三份）。同时，申请人还需提供向村集体经济组织提出申请所需的其他材料。

2. 村集体经济组织（发包方）确认

村集体经济组织（发包方）收受到申请人提交的《农村土地经营权证明申请书》（一式三份）后，依据农村土地承包经营权证、土地承包合同（以流转方式取得的土地经营权，需要提交经乡镇土地流转管理服务中心备案的土地流转合同）、土地台账，对申请人的农村土地经营权现状进行核实。如果情况属实，村集体经济组织（发包方）指定的审核人和经办人应当在3个工作日内签字确认，并加盖村集体经济组织公章。申请人提交的三份《农村土地经营权证明申请书》，一份由村集体经济组织（发包方）存档，另外两份由申请人提交给乡镇土地承包管理部门办理农村土地经营权证明。如果申请人提交的申请材料不齐全，村集体经济组织（发包方）应当书面告知申请人补充材料。申请人提交的申请材料不符合本规定要求不能办理土地经营权抵押贷款的，村集体经济组织（发包方）应当书面告知申请人并说明不能办理的理由，同时应当将申请材料退还申请人。

村集体经济组织（发包方）对申请人提交的材料进行审查，审查事项包括：一是申请人提交的申请材料是否齐全、是否符合本规定要求；二是申请人提交的材料是否与土地承包经营权证、土地承包合同、经乡镇土地流转管理服务中心备案的土地流转合同以及土地台账记载的土地经营权状况相符。

3. 乡镇土地承包管理部门出具证明

乡镇土地承包管理部门收到申请人提交的经村集体经济组织（发包方）确认的《农村土地经营权证明申请书》（一式两份）后，依据农村土地台账、农村土地承包经营权登记簿、土地承包合同、土地经营权流转合同等存档资料，对申请人的农村土地经营权现状进行审查，情况属实的，乡镇农村土地承包管理部门指定的审核人、经办人应当在5个工作日内签字确认并加盖乡镇农村土地承包管理部门公章，并报乡镇人民政府批准。乡镇人民政府批准后，乡镇农村土地承包管理部门出具《农村土地经营权证明》（一式两份），一份连同《农村土地经营权证明申请书》交给申请人用于办理土地经营权抵押贷款，一份由乡镇农村土地承包管理部门保留存档。

如果申请人提交的申请材料不齐全，乡镇农村土地承包管理部门应当书面告知申请人补充材料。申请人提交的申请材料不符合本规定要求，不能办理土地经营权抵押贷款的，乡镇农村土地承包管理部门应当书面告知申请人并说明不能办理的理由，同时应当将申请材料退还申请人。

乡镇农村土地承包管理部门对申请人提交的材料进行审查，审查事项包括：一是申请人提交的申请材料是否齐全、是否符合本规定要求；二是申请人提交的材料是否与土地承包经营权证、土地承包合同、土地流转合同以及土地台账记载的土地经营权状况相符。

（二）农村土地经营权抵押登记流程

农村土地经营权人和贷款人（开设农村土地经营权抵押贷款业务的银行业金融机构）办理农村土地经营权抵押登记时，按照以下程序办理。

1. 抵押当事人（抵押人和抵押权人）提交的材料

抵押当事人（即抵押人和抵押权人）签订借款合同、抵押合同后，应当持以下材料向县乡农村土地承包管理部门申请办理抵押登记：

（1）《农村土地经营权抵押登记申请书》（一式三份由审核方分别存档）；

（2）抵押人、抵押权人身份证明原件和三份复印件；

（3）抵押合同、借款合同；

（4）《农村土地经营权证》或《农村土地承包经营权证明》。

2. 乡镇农村土地承包管理部门初审报送

乡镇农村土地承包管理部门在受理抵押登记申请材料后应当依照本规定及相关法律法规对申请人提供的申请材料予以初审。申请人提交的申请材料符合本规定及相关法律法规的，乡镇农村土地承包管理部门指定的审核人、经办人应当在5个工作日内签字盖章并将申请材料报乡镇政府盖章批准。上述申请材料统一报送县级农村土地承包管理部门登记。同时，乡镇农村土地承包管理部门应当建立抵押登记备查簿并在存档的土地承包档案进行标注。乡镇农村土地承包管理部门主要审核以下内容：

（1）申请人所提供的文件资料是否齐全、合规；

（2）抵押的《农村土地经营权证》或《农村土地经营权证明》与存档的土地承包相关档案是否一致；

（3）抵押土地经营权是否重复登记；

（4）抵押期限是否超过土地经营权经营期限。

如果申请人提交的申请材料不齐全，乡镇农村土地承包管理部门应当书面告知申请人补充材料。申请人提交的申请材料不符合本规定要求不能办理土地经营权抵押贷款的，乡镇农村土地承包管理部门应当书面告知申请人并说明不能办理的理由，同时应当将申请材料退还申请人。

3. 县级农村土地承包管理部门登记发证

县级农村土地承包管理部门根据乡镇报送的抵押登记相关材料进行审核。申请人提交的申请材料符合条件的，县级农村土地承包管理部门应当在5个工作日内填写《农村土地经营权抵押登记簿》，出具《农村土地经营权他项权利证》并在《农村土地经营权登记簿》上标注。同时，县级农村土地承包管理部门通知乡镇农村土地承包管理部门领取《农村土地经营权他项权利证》，抵押权人到抵押土地所在乡镇农村土地承包管理部门领取《农村土地经营权他项权利证》。《农村土地经营权证》或《农村土地经营权证明》由登记部门收回并负责建档保管。对当地抵押登记部门不具备保管《农村土地经营权证》或《农村土地经营权证明》所需必要库房及设施条件的，应当将《农村土地经营权证》或《农村土地经营权证明》连同《农村土地经营权他项权利证》一并交由贷款银行保管。

如果申请人提交的申请材料不齐全，县级农村土地承包管理部门应当书面告知申请人补充材料。申请人提交的申请材料不符合本规定要求不能办理土地经营权抵押贷款的，县级农村土地承包管理部门应当书面告知申请人并说明不能办理的理由，同时应当将申请材料退还申请人。

（三）农村土地经营权流转区片价格的公布

为积极引导农村土地经营权有序流转发展适度规模经营，完善农村土地经营权流转价格制度，规范农村土地流转行为，维护农村土地流转双方当事人合法权益，按照中共中央办公厅、国务院办公厅《关于引导农村土地经营权有序流转发展农业适度规模的意见》《农村土地承包法》以及《土地管理法》的有关规定，结合吉林省实际制定本办法。

1.实施农村土地经营权流转区片价格公布的必要性

农村土地经营权流转区片价格是根据流转土地的类型、等级、产值、收益、土地流转供求关系等因素，以乡镇为基本单元划分区片，测算出土地经营权的流转价格。实施农村土地经营权流转区片价格公布制度有利于完善农村土地经营权流转价格的形成机制，为土地流转双方提供及时、科学的土地流转参考价格，有效抑制土地流转交易价格过高或过低，促进土地经营权有序流转、公平交易。同时，实施农村土地经营权流转区片价格公布制度有利于完善农村土地流转市场功能，优化土地资源配置，提高土地流转效率，减少土地流转矛盾。此外，实施农村土地经营权流转区片价格公布制度有利于规模经营主体降低粮食生产成本，稳定粮食种植面积，保障粮食生产安全，促进农业现代化的发展。

2. 明确价格公布机制

县、乡农村土地流转服务中心应当分别成立县、乡农村土地经营权流转价格公布办公室，办公室下设农村土地经营权流转价格公布小组，具体负责辖区内的农村土地经营权流转价格公布工作，价格公布小组成员不少于3人。价格公布小组成员由县、乡土地流转服务中心工作人员组成，也可以聘任相关专业技术人员。如果聘任专业技术人员作为价格公布小组成员的，获得专业技术资格人员的比例应当不小于50%。村报账员作为土地经营权流转价格信息员，负责本村土地流转价格等信息的采集工作。

3. 价格测算的主要方法

各个县（市、区）根据实际情况确定选择以下一种测算方法：一是收益法。

根据土地的收益和获益能力，计算流转期间的净收益，测算出土地的净现值，并以此公布土地经营权流转价格。二是现行市价法。参照相同、相近类似土地的交易价格测算出土地经营权流转价格，并以此公布土地经营权流转价格。

4. 价格公布的基本程序

一是样本选择。各个村按照近三年粮食平均亩产量选择高、中、低三个粮食生产单位（农民合作社、农户等）作为本村土地经营权流转价格测算样本。样本选取后五年之内参照这一样本标准执行。

二是信息收集。由村土地流转信息统计员填报本村《吉林省农村土地经营权流转价格相关情况统计表》，并于完成统计当年的12月31日前上报乡镇土地流转价格公布小组。

三是汇总分析。价格信息上报完毕后的第二年的1月1日—1月31日，乡镇土地流转价格公布小组抽样选择村进行入户实地调查或者召开村干部、农户以及农地规模经营主体座谈会，广泛听取农村各界对于土地经营权流转价格的意见和建议。在这一过程中，乡镇土地流转价格公布小组同时应当收集与土地经营权流转价格形成的相关材料，核对村上报的统计数据，对各村上报的土地经营权流转价格情况进行汇总分析，按照县级农业主管部门公布的土地经营权流转价格确定方法，做出本乡镇土地经营权流转价格测算报告，并于当年的1月31日前上报县土地流转价格公布小组。

四是出具意见。乡镇土地流转价格公布小组上报数据完成后，县土地流转价格公布小组应当于当年的2月1日—2月末对各个乡镇上报土地经营权流转价格情况进行审核并出具审核意见。

五是定期发布。经县土地流转价格公布小组审核后的土地经营权流转价格作为当年的土地经营权流转价格应当于当年的3月1日由县、乡两级土地流转服务中心向公众发布。

5. 农村土地经营权流转区片价格的成果运用和档案管理

一是农村土地经营权流转区片价格的使用。公布后的农村土地经营权流转区片价格可以作为流转交易和抵押担保的参考价格，不作为指定交易的价格。

二是农村土地经营权流转区片价格的管理。省内各个农村地区农业管理部门应当详细登记各类土地经营权公布价格和实际交易价格，以乡镇为单位，建立农村土地经营权流转价格公布档案和信息资料库。各级农业管理部门应当注意收集农村土地经营权典型案例、各个时期土地经营权交易价格以及土地经营权流转状况的档案，以便作为今后公布土地经营权价格的重要参考。

其次，扎实推进土地经营权抵押贷款业务培训工作。吉林省农业管理部门在土地经营权抵押贷款试点地区之一的梅河口市举办了全省农村土地确权和土地经营权抵押贷款两项政策业务培训班，对主管市、县两级土地经营权抵押贷款工作的领导以及从事土地经营权抵押贷款工作的业务骨干进行了培训，参加培训的人员达到300人次。。本次培训内容包括土地经营权抵押贷款政策的解读、文书应用写作、土地抵押权贷款办理流程讲解。本次培训的重要目标在于要求试点地区抵押贷款工作人员明确"为啥要试点、试点要干啥、试点要咋干"。业务工作培训的意义在于彻底解决土地经营权抵押贷款工作中"没头绪、不敢干、不会干"的现实问题。推进培训工作开展的基础上，吉林省农业主管部门不多次召开全省土地经营权抵押贷款启动现场会议，来自省直机关、金融机构（农业银行、农村信用社、邮政储蓄银行）以及全省各市县农业部门代表参加会议。与会代表对上一阶段吉林省开展土地经营权抵押贷款工作取得的成绩和经验进行了深刻总结，并对下一阶段土地经营权抵押贷款工作的目标、任务以及具体工作方案进行了进一步的规划和展望。吉林省农业主管部门还在会议现场为符合土地经营权抵押贷款申请条件的申请人颁发了农村土地经营权抵押贷款。吉林省委省政府高度重视农村土地确权登记颁证工作，领导小组办公室在长春市多次召开全省农村土地经营权抵押贷款试点培训交流视频会议。来自省直机关、金融机构（农业银行、农村信用社、邮政储蓄银行）以及全省各市县农业部门负责同志参加了本次会议。延边州农业主管部门、公主岭市农业主管部门以及吉林省农业银行总行以及各个分支机构负责人针对土地经营权抵押贷款工作的经验以及急需解决的现实问题进行了充分的交流。吉林省农业主管部门对于农村土地经营权贷款抵押工作的开展予以充分肯定，对试点地区工作中遇到的问题和困难进行了分析，对吉林省土地经营权抵押贷款工作进行了进一步的部署。未来吉林省土地经营权抵押贷款的工作目标为"强化相关业务培训，突出工作的重点，夯实服务基础，加大统筹协调力度，扎实推进试点工作"，土地经营权抵押工作有序开展，严格按照土地经营权抵押相关法律法规的规定，使抵押户吃上"定心丸"，土地经营权抵押贷款工作取得了良好效果。

四、吉林省以农地流转为中心的集体产权交易改革的经验以及面临的现实问题

总体看来，吉林省以农地流转为中心的集体产权交易必改革取得了有益的改革经验，为推动吉林省农村集体产权制度改革的深入发展发挥了积极作用。

其一，吉林省以农地流转为中心的农村集体产权交易改革在制定改革政策、实施各项改革措施过程中广泛听取各界意见。从根本上讲，农地制度流转的目的在于维护和保障广大农民群众的根本利益。因此，农地流转必须广泛听取农民群众的意见。农地流转还需要各级广大农业管理部门工作人员、乡村工作人员的积极参与，因此农地流转改革同样需要他们贡献出自己的智慧。此外，社会各界人士对于农地流转改革十分关注，听取和采纳他们的意见亦是十分必要的。在制定各项改革政策、实施各项农地改革措施过程中，吉林省各级农业主管部门以召开座谈会、发放调查问卷以及公开征求意见等方式听取广大农民群众、农业主管部门、乡村工作者以及社会各界人士的意见和建议，第一时间获得信息反馈，保证了农地流转"接地气""有实效"。

其二，吉林省各级农业主管部门在制定改革政策、实施各项改革措施过程中十分注重深入调查研究。农地流转改革是在既有农地制度的基础上，进一步发现制度存在的问题以及与农业生产实际相脱离之处，从而对其加以改进进而达到使农地制度符合现实要求、提高农业生产效率的目的。因此，推进农地流转改革需要各级农业主管部门对于本辖区内的农业生产的现实状况进行深入了解，掌握农地流转运行的现实状况，而现实状况的第一手资料，只有通过调查研究才能获得。在吉林省农地制度改革过程中，吉林省各级农业主管部门在制定改革政策、实施各项改革措施之前，均进行了深入的调查研究，在此基础上对改革政策、具体改革措施进行风险及实效评估，发现改

革政策、具体改革措施中存在的潜在问题并及时予以解决，确保农地改革政策的制定以及改革措施取得预期效果。例如，吉林省在推进农地确权颁证工作开展之前，省农业主管部门要求各级农业主管部门对于辖区内的农地承包的实际状况展开摸底清查。吉林省各级农业主管部门对于辖区内各个农村集体经济组织保存的土地承包方案、土地承包台账、予以登记的土地承包合同等关于土地承包相关的档案资料进行清查整理，摸清本辖区内农地的实际状况，明确本辖区内各个承包户承包地块的名称、具体位置、面积以及权属的原始记载，摸清承包方状况，对承包方代表、承包户家庭成员以及承包地权属变动的相关资料予以收集、整理以及核对，为本辖区开展农地确权颁证工作做好充足准备。

其三，吉林省各级农业主管部门在制定改革政策、实施各项改革措施过程中十分注重循序渐进的工作方法。农地流转改革涉及人员众多、涉及面广，农地制度改革政策的制定以及各项改革措施的实施不能操之过急，必须遵循循序渐进原则。吉林省各级农业主管部门十分重视农地制度改革政策制定以及改革措施推进的进度，不搞强迫命令，不搞"一刀切"，充分赋予各级农业主管部门贯彻改革政策以及推进改革措施的自主权，允许各地区依据本地区实际情况，变通改革政策。在确保农地改革政策落到实处的同时，最大限度地发挥各个地区根据本地区实际情况推进农地改革的积极性和主动性。

其四，吉林省各级农业主管部门在制定改革政策、实施各项改革措施过程中，注重将改革创新融入具体工作中，真正做到了将改革与实际相结合。例如，早在中央提出农地"三权分置"改革政策前，吉林省已经被确认为国家级整省推进农地确权颁证地区全覆盖。吉林省在积极推进农地确权颁证工作过程中，农地"三权分置"相关政策、法律出台。吉林省在推进农地确权颁证工作基础上，同时开展农地"三权分置"改革，即在试点地区开展土地承包权证与土地经营权证"两证"颁发工作。这一举措使农地确权颁证与农地"三权分置"改革实现了有机结合，创新了农地制度改革的模式，提高了农地制度改革工作的效率，实现了农地制度改革的与时俱进。

但是，吉林省农地改革工作的推进仍然面临的现实困难是，农地流转改革需要根据中央政策的变化以及国家最新出台的法律法规的规定作出及时调整，这对于吉林省农地制度改革的灵活性提出了较高要求，如何使农地制度改革既富有创新性，同时又能够符合中央农地政策改革的精神以及国家最新出台的法律法规的规定是吉林省农地制度改革面临的首要问题。2018年修订的《农村土地承包法》对于土地承包经营权的部分内容进行了修改，对土地经营权的内容做出了明确规定。而早在《农村土地承包法》修订之前，吉林省已经开始推进颁发土地承包权证与土地经营权证的工作，这一工作开展的主要规范依据为中央农地"三权分置"改革文件以及本地区出台的规范性文件。在当时的历史条件下，土地承包权与土地经营权各自的权利内容以及权利性质还存在一定争议，两种权利的边界并非十分清晰。这种状况下，吉林省开展的颁发"两证"工作必然受到客观条件的制约。因此，在《农村土地承包法》修订后，如何依据最新的法律规定调整"两证"颁发工作，使这一项工作在既有法律规定范围内稳步推进是吉林省农地制度改革进一步深化的关键。

参考文献

中文著作类：

［1］王琢，许浜：《中国农村土地产权制度论》，经济管理出版社1996年版。

［2］郭强：《农村集体产权制度的创新过程解析与发展路径研究——以北京市为例》，经济管理出版社2018年版。

［3］高圣平，王天雁，吴昭军：《中华人民共和国农村土地承包法条文理解与适用》，人民法院出版社2019年版。

［4］高富平：《物权法原论》，法律出版社2014年版。

［5］高飞：《集体土地所有权主体制度研究》，法律出版社2012年版。

［6］蒋传光：《马克思主义法学理论在当代中国的新发展》，译林出版社2017年版。

［7］方志权：《农村集体产权制度改革：实践探索与法律研究》，上海人民出版社2015年版。

［8］黄薇：《中华人民共和国农村土地承包法释义》，法律出版社2019年版。

［9］崔建远：《合同法总论》（上卷），中国人民大学出版社2008年版。

［10］苏永钦：《私法自治中的经济理性》，中国人民大学出版社2004年版。

［11］王利明，杨立新，王轶，等：《民法学》（上），法律出版社2020年版。

中文译著类：

［1］［德］鲍尔，施蒂尔纳：《德国物权法》（上册），张双根，译，法律出版社2004年版。

［2］［美］A.爱伦·斯密德：《财产、权力和公共选择——对法和经济学的进一步思考》，黄祖辉，蒋文华，郭红东，等译，上海三联书店、上海人民出版社2006年版。

［3］［美］理查德·波斯纳：《法官如何思考》，苏力，译，北京大学出版社2009年版。

［4］［德］柯武刚、史漫飞：《制度经济学》，韩朝华，译，商务印书馆2000年版。

［5］［美］本杰明·卡多佐：《司法过程的性质》，苏力，译，商务印书馆1997年版。

［6］［古希腊］亚里士多德：《尼各马可伦理学》，廖申白，译注，商务印书馆2003年版。

期刊类：

［1］张广荣：《我国农村集体土地民事立法研究论纲——从保护农民个体土地权利的视角》，中国法制出版社2007年版。

［2］丁浩：《产权交易平台助推信阳农村产权改革》，《农村·农业·农民》2017年12期。

［3］房绍坤，林广会：《农村集体产权制度改革的法治困境与出路》，《苏州大学学报（哲学社会科学版）》2019年第1期。

［4］张斌：《新时代深化农村集体产权制度改革的思考》，《中州学刊》2019年第9期。

［5］房绍坤：《深化农村集体产权制度改革的法治保障进路》，《求索》2020年第5期。

［6］闵师，王晓兵，项诚，等：《农村集体资产产权制度改革：进程、模式与挑战》，《农业经济问题》2019年第5期。

［7］许中缘，崔雪炜：《"三权分置"视域下的农村集体经济组织法人》，《当代法学》2018年第1期。

［8］陈美球，廖彩荣，等：《农村产权交易的市场化运作探索——基于浙江永嘉农村产权交易改革的调研》，《土地经济研究》2019年第2期。

［9］张博，李春艳：《打造农村发展新引擎 ——北京农村产权交易所纪实》，《农村经营管理》2014年第10期。

［10］姜永华：《如皋：加快农村产权交易平台建设推动城乡生产要素自由流动》，《江苏农村经济》2016年第1期。

［11］张红宇，胡振通，胡凌啸：《农村集体产权制度改革的实践探索：基于4省份24个村（社区）的调查》，《改革》2020年第8期

［12］孔祥智，赵昶：《农村集体产权制度改革的实践探索与政策启示——基于7省13县（区、市）的调研》，《中州学刊》2020年第11期。

［13］邢光：《滨城区积极开展农村集体产权流转交易市场建设》，《当代农村财经》2017年第2期。

［14］张斌：《新时代深化农村集体产权制度改的思考》，《中州学刊》2019年第9期。

［15］秦仕魁：《成都：开展农村产权交易大有可为》，《产权导刊》2008年第12期。

［16］王妍，李华，吴梵：《青岛市农村产权综合交易平台构建研究》，《中国农业会计》2016年第9期。

［17］李宇江，吴先辉：《抓好改革创新 促进"三农"发展 ——湖北省襄阳市深化农村集体产权制度改革探索》，《农村工作通讯》2016年第17期。

［18］郭晓鸣，王蔷：《深化农村集体产权制度改革的创新经验及突破重点》，《经济纵横》2020年第7期。

［19］张凯，王菲：《天津农交所实施"市—区—镇"三位一体农村产权交易体系运营模式》，《产权导刊》2019年第3期。

［20］刘同山，陈晓萱：《农村集体产权制度改革：总体目标、阶段进展与后续挑战》，《中州学刊》2020年第11期。

［21］楼建丽：《赴广东学习农村产权交易市场的考察报告》，《上海农村经济》2014年第8期。

［22］蓝新天：《建立全区农村产权流转交易市场体系探析》，《当代广西》2017年第1期。

［23］冯兴元：《农村产权交易平台现状、问题及其改革进路》，《社会科学战线》2020年第10期。

［24］姜健，张德化：《安徽省农村产权交易所发展对策研究》，《安徽科技学院学报》2017年第1期。

［25］刘艳丽：《关于加强农村产权流转交易市场发展的调查与思考》，《农民致富之友》2019年第12期。

［26］农贵新，韦风涛，宋宇宇，等：《加快构建宁波农村产权流转交易市场研究》，《宁波经济》2015年第8期。

［27］赵领军，高兴萍，秦志华，等：《农村产权交易信息化服务研究初探——以济南市农村产权交易信息管理平台为例》，《农业网络信息》2018年第6期。

［28］李律，阮天一，朱伟军：《温岭农村产权交易体系建设的思考》，《环球市场信息导报》2017年第32期。

［29］吴兆明，周爱军，刘乃祥：《搭建产权交易平台 优化农村资源配置——扬州全面构建市县镇三级农村产权交易市场体系》，《江苏农村经济》2015年第1期。

［30］孙月敏：《产权交易类型和农村产权交易所价值分析》，《农技服务》2015年第7期。

［31］于璐娜：《河北省农村产权交易中心 建设全省为农服务的农村产权流

转交易服务体系》，《中国合作经济》2019年Z1期。

[32] 饶恒：《产权交易平台的转型新路》，《国资报告》2019年第6期。

[33] 韩松：《农村集体经济法律制度的价值目标和功能定位》，《西北农林科技大学学报（社会科学版）》，2014年第3期。

[34] 宋洪远，高强：《农村集体产权制度改革轨迹及其困境摆脱》，《改革》2015年第2期。

[35] 屈茂辉：《农村集体经济组织法人制度研究》，《政法论坛》2018年第2期。

[36] 林广会：《农村集体产权制度改革背景下集体所有权主体制度的机遇与展望》，《求是学刊》2020年第3期。

[37] 姜楠：《集体土地所有权主体明晰化的法实现》，《求是学刊》2020年第3期。

[38] 宋志红：《论农民集体与农村集体经济组织的关系》，《中国法学》2021年第3期。

[39] 王洪平：《农民集体与集体经济组织的法律地位和主体性关系》，《法学论坛》2021年第5期。

[40] 韩松：《论农民集体所有权的成员集体所有与集体经济组织行使》，《法商研究》2021年第5期。

[41] 何召鹏：《唯物史观视角下马克思所有制理论的科学内涵及其当代价值研究——兼评"取消所有制分类"等错误观点》，《政治经济学评论》2019年第4期。

[42] 刘晴，王冬艳，叶鑫，等：《明确产权主体为前提的农村集体土地所有权确权发证研究——以吉林省农安县为例》，《农村经济》2013年第4期。

[43] 黄延信，余葵，师高康，等：《对农村集体产权制度改革若干问题的思考》，《农业经济问题》2014年第4期。

[44] 王洪平：《农村集体产权制度改革的"物权法底线"》，《苏州大学

学报（哲学社会科学版）》2019年第1期。

［45］李律，阮天一，朱伟军：《温岭农村产权交易体系建设的思考》，《环球市场信息导报》2017年第32期。

［46］姜楠：《农村集体建设用地改革的法制路径》，《人民论坛》2020年第15期。

［47］管洪彦，傅辰晨：《农村集体经济组织法人民主决策的异化与匡正》，《求是学刊》2020年第3期。

［48］房绍坤、张泽嵩：《农村集体经济组织决议效力之认定》，《法学论坛》2021年第9期。

［49］林广会：《农村集体资产折股量化范围的确定及其法律效果》，《中国不动产法研究》2021年第1期。

［50］房绍坤，林广会：《农村集体产权制度改革的法治困境与出路》，《苏州大学学报（哲学社会科学版）》2019年第1期。

［51］管洪彦：《农村集体产权改革中的资产量化范围和股权设置》，《人民法治》2019年第14期。

［52］王雷：《农民集体成员权、农民集体决议与乡村治理体系的健全》，《中国法学》2019年第2期。

［53］王雷：《论民法中的决议行为 从农民集体决议、业主管理规约到公司决议》，《中外法学》2015年第1期。

［54］房绍坤，崔炜：《农村集体产权制度改革的法律问题研究——基于对两省（市）农村集体产权制度改革异同的实践考察》，《中国不动产法研究》2021年第1期。

［55］李国强：《〈民法典〉中两种"土地经营权"的体系构造》，《浙江工商大学学报》2020年第5期；

［56］吴昭军：《"四荒地"土地经营权流转规则的法教义学分析》，《安徽师范大学学报（人文社会科学版）》2021年第2期。

［57］吴兆明，周爱军，刘乃祥：《搭建产权交易平台 优化农村资源配

置——扬州全面构建市县镇三级农村产权交易市场体系》，《江苏农村经济》2015年第1期。

［58］黄志辉：《仙游县农村综合产权流转交易市场分析》，《南方农业》2015年第33期。

［59］房绍坤：《农村集体产权制度改革的法治保障》，《人民法治》2019年第9期。

［60］王洪平：《农村集体产权制度的法权结构研究》，《中国不动产法研究》2020年第2期。

［61］王智源：《亟需建立农村综合产权交易平台》，《产权导刊》2009年第12期。

［62］夏英、张瑞涛：《农村集体产权制度改革：创新逻辑、行为特征及改革效能》，《经济纵横》2020年第7期。

［63］丁浩：《产权交易平台助推信阳农村产权改革》，《农村·农业·农民》2017年第12期。

［64］郑晓剑：《比例原则在民法上的适用及展开》，《中国法学》2016年第2期。

［65］冉克平：《论效力性强制规范与私法自治——兼析〈民法总则〉第153条第1款》，《山东大学学报（哲学社会科学版）》2019年第1期。

［66］周江洪：《典型合同与合同法分则的完善》，《交大法学》2017年第1期。

［67］杨敬之：《论司法解释的合法性控制》，《政法论坛》2021年第2期。